吴韵汉风文丛

主编 刘志彪

江苏百处名胜

朱珊 著

江苏教育出版社

图书在版编目（CIP）数据

江苏百处名胜/朱珊著.—南京：江苏教育出版社，2012.12
（吴韵汉风文丛）
ISBN 978-7-5499-2509-4

Ⅰ.①江…　Ⅱ.①朱…　Ⅲ.①名胜古迹—介绍—江苏省　Ⅳ.①K928.705.3

中国版本图书馆 CIP 数据核字（2012）第 289288 号

书　　名　江苏百处名胜
作　　者　朱　珊
责任编辑　韩宇新
装帧设计　李广珐
出版发行　凤凰出版传媒股份有限公司
　　　　　江苏教育出版社（南京市湖南路 1 号 A 楼　邮编 210009）
苏教网址　http://www.1088.com.cn
照　　排　南京紫藤制版印务中心
印　　刷　江苏凤凰新华印务有限公司（电话 025-68037410）
厂　　址　江苏南京市新港经济技术开发区尧新大道 399 号
开　　本　787 毫米×1092 毫米　1/16
印　　张　15.5
版　　次　2012 年 12 月第 1 版　2012 年 12 月第 1 次印刷
书　　号　ISBN 978-7-5499-2509-4
定　　价　28.00 元
网店地址　http：//jsfhjy.taobao.com
邮购电话　025-85406265，85400774，短信 02585420909
E－mail　jsep@vip.163.com
盗版举报　025-83658579

《吴韵汉风》文丛

编审委员会名单

序

刘志彪

党的“十八大”报告提出了建设“文化强国”的战略理念，指出“文化是民族的血脉，是人民的精神家园”，并高度重视历史文化的价值和意义，强调要“建设优秀传统文化传承体系，弘扬中华优秀传统文化”。为了探讨和具体实践“传统文化传承体系”，江苏省社会科学院与江苏教育出版社尝试合作编纂了这套《吴韵汉风文丛》。

作为中华文明多元一体的重要组成部分，江苏的历史文化有其独特的贡献和重要的地位。素有“天堂”美誉，久负“文史之乡”美名的江苏，地跨大江南北，壤接内陆和海洋，是为东南富庶锦绣之地；在波澜壮阔的历史发展中，积淀了深厚而辉煌璀璨的古代文明，在经济、政治、社会、文化、教育、人才等领域，都取得了非凡的成就，留下了无数宝贵的文化财富。这既是我们的骄傲，也赋予了我们一份严肃而重大的责任，我们有义务整理、保护和传扬江苏悠久、深厚而丰富的历史文化底蕴和文明成果，以服务于文化强省建设，服务于“两个率先”的战略目标，并为社会主义文化大发展和大繁荣作出应有的贡献。

基于这一认识，本套丛书试图从多个角度鸟瞰江苏历史文化发展的历程与成就，并以图文并茂的形式，具体介绍了江苏有代表性的一百个人、物和事。首批六本分为《江苏百位名人》、《江苏百座建筑》、《江苏百座寺庙》、《江苏百处名胜》、《江苏百项之最》、《江苏百种非遗》。

我们一方面希望这套丛书能成为展示江苏人文魅力的一个窗口；能成为宣传和推介江苏的一部生动教材；能成为人们了解江苏、走近江苏的导游手册。另一方面我们也期望这套丛书能为人们保存一份珍贵的历史记忆，有益于人们更好地了解和认知省情，有助于展示江苏文化大省的形象，提升江苏在全国的地位、影响以及国际知名度，能激发人们爱国、爱乡的乡土情结和民族精神，能增强江苏人民的自豪感、自信心和凝聚力，并以更大的热情投身到建设家乡、发展家乡的热潮中去，人人争创一流业绩，不愧于先人，无负于时代，为我省早日实现现代化、率先建成小康社会而奋斗。

序

引言

江苏地处美丽富饶的长江三角洲，境内地势平坦，平原辽阔，多名山湖泊，水网密布，海陆相邻。省境除北部边缘、西南边缘为丘陵山地，地势较高外，其余则自北而南为黄淮平原、江淮平原、滨海平原、长江三角洲所共同组成的坦荡大平原。江苏省平原面积之多，水域比率之大，低山丘陵岗地面积之少，在全国各省区中均居首位，故有“水乡江苏”之称。江苏城市历史悠久，建城历史大多已有2500年左右。其中南京、镇江、常熟、徐州、淮安、扬州、苏州等已列为国家历史文化名城。名胜古迹遍布全省，是中国旅游业比较发达的省区之一。

山不在高，有仙则名。水不在深，有龙则灵。这里的自然风光没有崇山峻岭、深沟险壑，然而这里的山水带给你的却是平缓、愉悦。由于得天独厚的自然地里条件，从古至今这里都是鱼米之乡、富庶之地，因此一直受到历代帝王的喜爱和文人骚客的青睐。每一次的南巡也好，下江南也罢，一方面带动能工巧匠在此大兴土木，修建亭台楼阁、雕梁画栋；另一方面帝王和文人多喜欢在此题诗作赋，留下了许多珍贵墨宝画作，使这里的人文气息相当浓厚。目前，江苏的5A级风景名胜区拥有数量居全国第一，4A级的国家风景名胜区占一百多家，鉴于篇幅限制和区域平衡考虑，我们撷取了所有5A景点、4A的绝大部分景点以飨读者。

事实上，城市有山有水、有帝王将相和文人雅士的遗迹还远远不够。城市是有生命的，就像大街小巷构成它的动脉和毛细血管一样，城市不仅要有小桥流水，更要有人家的炊烟袅袅。城市中的烟水灶气似乎让人感觉到它的呼吸，它的脉动。构成每个城市自己的节奏和韵律，那就是饮食文化。说到家乡，每个人心中首先想到的便是那里的名吃美食，这种家乡的味道有着一种强烈的感染力和凝聚力，同时，不同味道也体现出城市的性格和气质。北方饮食的粗犷造就了大气、朴实的特质，而南方美食的精致涵养出温婉、闲适的性格。

作为南北交界的江苏省，受地理和历史影响，不仅有着吴地的小家碧玉，也有着汉代的大家风范。地域的南北差异在江苏境内上演绎着各自“小桥流水人家”的精彩故事。

引言

目录

苏州篇

南通篇

连云港篇

淮安篇

盐城篇

扬州篇

镇江篇

泰州篇

宿迁篇

南京地处长江下游的宁镇丘陵山区，东连富饶的长江三角洲，西靠皖南丘陵，南接太湖水网，北接辽阔的江淮平原。距入海口三百八十千米，“黄金水道”长江穿越境域，江宽水深，万吨海轮可终年畅通，是一个天然的江河良港。地下水源丰富，矿泉闻名。这里山、水、城、林相映成趣，春游“牛首烟岚”，夏赏“钟阜晴云”，秋登“栖霞胜境”，冬观“石城霁雪”，自然景色壮观秀美。汤山的猿人化石把南京的史前痕迹前溯了五十万年。从公元前472年越王勾践命范蠡筑城算起，南京至今已有两千五百年建城史。诸葛亮第一次到南京便惊呼：“钟山龙盘，石头虎踞，此乃帝王之宅也。”以后便有东吴、东晋，南朝的宋、齐、梁、陈，南唐、明、太平天国以及国民党政府均建都于此，故称“十朝都会”，是著名的四大古都之一。“江南佳丽地，金陵帝王州”，南京有十朝烟云，满城的文物古迹，有历史、有文化，有古、有今。哪一处都是风光无限，意境深长。泛舟秦淮河上，两岸建筑错落有致。“青砖小瓦马头墙，回廊挂落花格窗”，仿佛穿越晚清，置身金粉浮华之中。余秋雨说，一个对山水和历史同样寄情的中国文人，恰当的归宿地之一，是南京。的确，无论赏景，怀旧，住行，还是品尝小吃，南京都是一处绝佳的胜地。

南京篇

南京地处长江下游的宁镇丘陵山区，东连富饶的长江三角洲，西靠皖南丘陵，南接太湖水网，北接辽阔的江淮平原。距入海口三百八十千米，“黄金水道”长江穿越境域，江宽水深，万吨海轮可终年畅通，是一个天然的江河良港。地下水源丰富，矿泉闻名。这里山、水、城、林相映成趣，春游“牛首烟岚”，夏赏“钟阜晴云”，秋登“栖霞胜境”，冬观“石城霁雪”，自然景色壮观秀美。汤山的猿人化石把南京的史前痕迹前溯了五十万年。从公元前472年越王勾践命范蠡筑城算起，南京至今已有两千五百年建城史。诸葛亮第一次到南京便惊呼：“钟山龙盘，石头虎踞，此乃帝王之宅也。”以后便有东吴、东晋，南朝的宋、齐、梁、陈，南唐、明、太平天国以及国民党政府均建都于此，故称“十朝都会”，是著名的四大古都之一。“江南佳丽地，金陵帝王州”，南京有十朝烟云，满城的文物古迹，有历史、有文化，有古、有今。哪一处都是风光无限，意境深长。泛舟秦淮河上，两岸建筑错落有致。“青砖小瓦马头墙，回廊挂落花格窗”，仿佛穿越晚清，置身金粉浮华之中。余秋雨说，一个对山水和历史同样寄情的中国文人，恰当的归宿地之一，是南京。的确，无论赏景，怀旧，住行，还是品尝小吃，南京都是一处绝佳的胜地。

扬州篇

镇江篇

泰州篇

宿迁篇

钟山风景区

钟山，又叫“紫金山”。只是因为当年毛泽东的一句诗词“钟山风雨起苍黄”让更多人记住了南京的钟山。钟山风景区位于南京东北郊，主峰海拔约四百四十八米，共包含有五十多个可供游览观光的景点，是国家首批公布的四十四个风景名胜区和5A级景区之一。景区山、水、墙、林浑然一体，自然和人文景观丰富，是中外游客必赏之地。其中以明孝陵、中山陵、玄武湖、灵谷寺和头陀岭几大景区为代表。

明孝陵，位于钟山南麓独龙阜玩珠峰下，东毗中山陵，南临梅花山，是明太祖朱元璋和皇后马氏合葬的陵墓，也是我国现存古代最大的帝王陵之一，已列入《世界文化遗产名录》。明孝陵建于明洪武十四年(1381)，翌年马皇后去世，葬入此陵。因马皇后谥“孝慈”，故陵名称“孝陵”。洪武三十一年(1398)，朱元璋病逝，启用地宫与马皇后合葬。至明永乐十一年(1413)建成“大明孝陵神功圣德碑”，整个孝陵建成历时三十余年。如今的明孝陵经历了六百多年的沧桑，许多建筑物的木结构已不复存在，但陵寝的格局仍保留了原恢弘的气派，地下墓宫完好如初，使明孝陵更具神秘色彩。陵墓分前、后两大部分，陵园围墙长达二千二百五十米。前部从下马坊开始经四方城，内有“大明孝陵神功圣德碑”巨碑及神道，两旁有石兽、望柱、石翁仲等，其中以保存完好的神道石刻最为有名；后部由正门、“治隆唐宋”碑、孝陵殿、方城、明楼、宝顶等组成。明孝陵的“前朝后寝”和前后三进院落的陵寝制反映的是礼制，但突出的是皇权和政治。作为现存建筑规模最大的古代帝王陵墓之一，其陵寝制度既继承了唐宋及之前帝陵“依山为陵”的制度，又通过改方坟为圆丘，开创了陵寝建筑“前方后圆”的基本格局。明孝陵的帝陵建设规制，一直规范着明清两代五百余年二十多座帝陵的建筑格局，在中国帝陵发展史上有着特殊的地位。明孝陵以其墓主显赫、规模宏大、形制独特、背依钟山环境优美而著称于世，堪称明清皇家第一陵。每到秋天的时候，石象路的地上铺满了金黄色的银杏树叶，在蓝天白云的映衬下让人如痴如醉。这里还分布着红楼艺文苑、紫霞湖、颜真卿碑林、孙权墓、灵谷寺等景点，冬末春初，到梅花山来赏梅是南京人的一大爱好。

中山陵是中华民国国父、伟大的革命先行者孙中山先生的陵墓。它位于紫金山南麓，西邻明孝陵，东毗灵谷寺，傍山而筑。由南往北沿中轴线逐渐升高，整个建筑群依山势而层层上升，气势宏伟。1925 年 3 月 12 曰，孙中山在北京逝世，遵照他生前安葬在钟山的遗愿，自 1926 年春开始动工，1929 年夏建成了坐北朝南、占地八万多平方米的中山陵。从空中俯看，中山陵像一座平卧在绿绒毯上的“自由钟”；山下中山先生铜像是钟的尖顶；半月形广场是钟顶圆弧；陵墓顶端墓室的半球形的穹隆顶像一枚溜圆的钟摆锤；广场南端的鼎台（现改为中山先生的立像）像大钟的钟钮，整个大钟造型蕴含“唤起民众，以建民国”的警示作用。陵墓入口处有高大的花岗石牌坊，上有中山先生手书的“博爱”两个金字。石牌坊后是长达三百七十五米、宽四十米的墓道。前排为陵门，它以青色的琉璃瓦为顶寓意苍天，门额上为孙中山的手迹“天下为公”。后面为碑亭，一块高约六米的碑石上刻着“中华民国十八年六月一日中国国民党葬总理孙先生于此”的镏金大字。从牌坊开始上达祭堂共有三百九十二级石阶，八个平台。石阶寓意:《总理遗嘱》中“革命尚未成功，同志仍需努力”的含义。最高的平台上有华表两座，后为祭堂。仿宫殿式的祭堂有三个拱门，门额上分别书有“民族”、“民权”、“民生”，而门楣上刻有孙中山手书“天地正气”四个字，表达了孙中山先生奋斗的理想。堂中有中山先生大理石坐像；祭堂东西护壁大理石刻着中山先生手书的遗著《建国大纲》和胡汉民等人书写的《总理遗嘱》；堂后有墓门二重，两扇前门用铜制成，门框则以黑色大理石砌成，上有中山先生手书“浩气长存”横额。二重门为独扇铜制，门上镌有“孙中山先生之墓”石刻。进门为圆形墓室，中央是长形墓穴，上面是中山先生汉白玉卧像，瞻仰者可围绕汉白玉栏杆俯视灵柩上的卧像，下面则安葬着孙中山先生的遗体。中山陵周边后建有音乐台、光化亭、微榭（水榭）、仰止亭、藏经楼、行健亭、永丰社、中山书院等纪念性建筑。附近有蒋介石和宋美龄下榻的别墅即美龄宫。整个建筑群掩映在苍松翠柏之间，十分庄严、肃穆，既有缅怀之情又具极高艺术价值，是我国旅游胜地的十佳之一，也是南京人避暑纳凉的好去处。

玄武湖古名桑泊，至今已有一千五百年，它位于南京东北城墙外，由玄武门和解放门相连，是钟山风景区的重要组成部分。玄武湖景区总面积四百七十二公顷，其中湖面积三百六十八公顷，陆地面积一百零四公顷。湖中分布着环洲、樱洲、梁洲、菱洲、翠洲等各具特色的五块绿洲，五洲之间桥堤相通，别具其胜，彰显山水城林相融之美。环洲，因洲形曲折、环抱樱洲而得名，素有“环洲烟柳”之称，洲上垂柳依依，古迹众多，其中童子拜观音石和郭璞亭最为著名。樱洲，因昔日樱桃遍布洲上，曾为宫廷贡品，故而得名，樱洲花繁叶茂，形成“樱洲花海”的盛景。梁洲，因传说梁昭明太子曾在此建有“梁园”，故称“梁洲”，每年一度的菊展均在此举行，故有“梁洲秋菊”的美誉，另外湖神庙、览胜楼、友谊厅、明代黄册库遗址文化展馆等古迹新景汇集于此。菱洲，因这里过去多产菱角，故名“菱洲”，自古有“菱洲山岚”之美名，洲上的飞禽世界堪称“中华鸟类第一园”，“二龙戏珠”系菱洲主景。翠洲，因洲上修竹亭亭，雪松如盖，翠色浮空，故名翠洲，翠洲风光幽静，苍松、翠柏、嫩柳、淡竹构成了“翠洲云树”的特色，是生态休闲的好去处。环湖还有玄武晨曦、武庙古闸、明城探幽、十里长堤、水上乐园、观赏园艺、杉林氧吧等景点。玄武湖周边古老巍峨的明城墙、秀美灵峻的九华山、古色古香的鸡鸣寺环抱其右，是名胜古迹的荟萃之地。在晋朝时，这里曾是水兵训练基地。清朝曾国藩也在这里训练过水军。著名的历史文化人物郭璞、李白、王安石、郭沫若等都曾在此留有许多佳作与诗篇。如今，玄武湖的北岸新建了南京火车站的站前广场，成为南京迎来送往的一张城市名片。

夫子庙秦淮河风景区

夫子庙秦淮河风景区位于南京城南，东起秦淮河东水关淮清桥秦淮水亭，越过文德桥，直到中华门城堡延伸至西水关的内秦淮河一带，这里是文人笔下“桨声灯影处”的所在，更有“六朝金粉地”的浮华与喧闹，所以又有“十里珠帘”的美称。这个景区的最大特色是以秦淮河为纽带，贯穿周边夫子庙古建筑群、瞻园、白鹭洲、中华门城堡以及从桃叶渡至镇淮桥一带的沿河景观及历史掌故。说到秦淮河，它原来是长江的一条支流，全长约一百一十千米，是南京地区的主要河道。它的古名为“淮水”，本名“龙藏浦”。相传秦始皇东巡时，望金陵上空紫气升腾，以为王气，他心存芥蒂想断了这里的龙脉，于是凿方山，断长垅为渎，入于江，后人误认为此水是秦时所开，所以称为“秦淮”。千百年来，秦淮河滋养了古城南京，它流经之处无不显露繁华昌盛。浆声秦淮河的北岸，是这里的主景区夫子庙古建筑群。其中夫子庙是孔庙的俗称，原来是供奉和祭祀孔子的地方。始建于公元 1034 年，位于贡院街。它利用秦淮河作它的泮池，南岸有照壁，北岸庙前有聚星亭、思乐亭。中轴线上建有棂星门、大成门、大成殿、明德堂、尊经阁等建筑。庙东还有魁星阁和夫子庙地区三大古建筑群之一的贡院，又称“江南贡院”，这里是古代江南应试士子参加考试的考场，后经明、清两代的不断扩建，至清光绪年间，江南贡院已拥有考试号舍二万零六百四十四间，另有主考、监临、监试、巡察以及同考、提调执事等官员的官房千余间，再加上膳食、仓库、杂役、禁卫等用房，更有水池、花园、桥梁、通道、岗楼的用地，规模之大、占地之广、房舍之多为全国考场之冠。其中明远楼高三层，为四方形，飞檐出甍，四面皆窗，是用以监视应试士子入贡院考试情况的建筑。这里的江南贡院陈列馆是我国目前唯一的一座以反映中国科举制度为内容的专业性博物馆。在夫子庙西南数十米一条幽静狭小的巷子叫乌衣巷，它在文德桥南，据说因三国时孙吴的卫戍部队驻此，官兵皆穿黑色军服而得名。乌衣巷地处秦淮河畔，是六朝有名的商业区和王公贵族的住宅区。其中最著名的要数东晋名人王导、谢安的故居，所谓“旧时王谢堂前燕，飞入寻常百姓家”说的就是这里。而夫子庙西南、秦淮河来燕桥南端，钞库街中段的媚香楼则是名著《桃花扇》中秦淮名妓李香君的故居，她因其强烈的正义感和爱国心受到世人的尊重。离这里不远就是南京现存历史最久的一座园林——瞻园，瞻园曾为明功臣中山王徐达之府邸花园，太平天国时为东王杨秀清王府。瞻园是江南四大名园之一，布局典雅精致，小巧玲珑，曲折幽深。园中有三座各具风姿的假山，为明代遗物。相传，中山王徐达的东花园位于现今夫子庙东南、明城墙西面的白鹭洲公园，这里因李白“二水中分白鹭洲”闻名遐迩。园中有藕香居、烟雨轩、水榭、假山等景色，其中尤以桥为特色，园内宛如襟带的小桥竟有十五座之多。夫子庙风景区的中华门为明都城南门，明清两代叫聚宝门，是南京城门中最雄伟的一座，也是我国现存最大、最为完整的堡垒瓮城。城门规模宏大，设计巧妙，结构复杂。共有四道券门，三道瓮城，另外还有二十七个藏兵洞，并有马道可骑马登城。中华门在我国城门建筑史上占有极其重要的地位。夫子庙秦淮风光带作为中国旅游胜地四十佳之一，是外地人了解金陵古都民情风俗之处，也是南京市民日常娱乐的聚居地。这个位于城南、城西的风光带与城东、城东北的钟山风景区将南京城合围起来，犹如一条璀璨的项链镶嵌在南京主城区的版图上。

雨花台风景区

雨花台风景区位于南京中华门外一千米处，面积约一百五十四公顷，以盛产雨花石闻名全国。从某种意义上说，雨花石是南京的文化符号之一。雨花石是由石英、王髓和燧石或蛋白石混合形成的珍贵宝石，也称雨花玛瑙。据说南梁初年，高僧云光法师曾在此地高约六十米、宽约两千米的小山岗设坛说法，因内容十分精彩感动佛祖，顷刻间天上落花如雨，因此这里得名“雨花台”。岗上盛产彩色玛瑙石，也因此得名“雨花石”。附近的雨花阁的“木末风高”曾是“金陵四十八景”之一，它复建于1997年的古雨花台遗址上。然而，就是在这个留下美丽传说的地方，国民党统治时期却成了屠杀革命者的刑场，先后有十万人遇难。为纪念他们，新中国成立后在这里兴建了占地面积达八十七公顷的烈士陵园，并建有革命烈士纪念馆和烈士事迹陈列馆。从陵园北大门步入园内，首先映入眼帘的是巨型烈士雕塑群像，群像由一百七十九块花岗石拼装而成，壮观而有气势。雨花台顶上矗立着烈士纪念碑，高42.3米，为了纪念1949年4月23日南京城获得解放。整个纪念碑由碑额、碑身、碑座三个部分组成。碑额形如红旗和火炬；碑身正面为邓小平同志题写的“雨花台烈士纪念碑”几个大字。北面为当代书法名家武中奇先生书写的碑文。纪念碑前方为纪念广场，建有倒影池、纪念桥等。倒影池两端用花岗岩砌造了两面形似红旗的壁面，壁面上分别以汉、蒙、回、藏、维吾尔五种文字镌刻的《国际歌》和《中华人民共和国国歌》。纪念碑的南面是烈士纪念馆。馆内陈列有六百二十件烈士遗物、四百五十幅珍贵图片和恽代英、邓中夏等一百二十八位烈士的事迹与文献资料。雨花台风景区除了名胜古迹区和烈士园区,附近还有雨花石文化区、雨花茶文化区、游乐活动区和生态密林区,还有著名的“江南第二泉”。这里是一座以自然山林为依托、红色旅游为主体的全国独具特色的纪念性风景名胜区。

汤山风景区

南京汤山风景区位于江宁区境内，距离市区二十多千米。是全国四大温泉疗养区之一，这里集碑、洞、泉、湖、寺为一体：举世无双的阳山碑材，"南京猿人"的汤山溶洞，巧夺天工的安基湖，中西合璧的温泉别墅以及天下第一的隆昌寺等，是兼具自然景观、人文景观及休闲的游览胜地。阳山碑材位于汤山镇西北，因遗存有明永乐年间巨大的碑石而闻名于世。碑材系明成祖朱棣为其父朱元璋树碑而开凿的巨型石材。阳山碑材又名孝陵碑材。公元1405年明成祖朱棣起兵夺得他侄儿的帝位，为笼络人心，稳定政局，他决定要建一座巨型石碑以表朱元璋的功德，并显示自己是朱元璋的嫡系。于是，他征集了全国万余工匠依阳山南麓开凿碑材三块。其中碑座石材高13米，宽16米，长30.35米，重达1.6万吨；碑身石材长49.40米，宽4.4米，高10.7米，重约八千七百吨左右；碑额石材高10米，长20.3米，宽8.40米，重约六千吨左右。若此碑立起总高为78米，重三万一千万吨，是当之无愧的世界第一碑。在当时落后的技术条件下为取此石材，这里的劳动人民付出了非凡的艰辛与血汗，数千民工、石匠累死皇家采石场，今碑石附近坟头村即是当时民工的合葬地。事实上，这三块石材都已成形，其中碑额已与山体分开，碑身、碑座也仅有一端相连。此石材为何遗弃不用？说法有二：一说明朝国势渐衰，朱棣迁都北京故不用；一说因南京地理与气候所限不适古代的滚木与冰运的方法，无法运输而不用。众多的猜测让游人充满了遐想。如今的明文化村就是以开采阳山碑材为主脉设计建造的，力求再现历史场景。明文化村较为完整地展示了明代一段世俗生活画卷，游人可以亲身体验建造碑材时民工们的日常生活。

然而，最有价值的还是在这附近出土的汤山古人类头骨化石以及与南京猿人同时期的石器，填补了江苏旧石器时代时期只有古人类化石，缺少人类文化的空白。遗址位于汤山镇西的雷公山，这里有一个巨大的溶洞群，现已探明溶洞总面积达数万平方米，目前对游人开放的有雷公洞和葫芦洞。1993 年 3 月 13 日葫芦洞内出土了一具较为完整的古人类头骨化石，引起了世界的瞩目。据科学鉴定，这是大约出生于三十万年前的南京猿人，这一重大考古发现使南京地区新人类史向前推进了二十多万年，同时证实长江流域是中华民族的发祥地之一。目前古人类头骨化石已存放在南京博物院内。遗址内建有休闲区、古猿人遗址展示区、猿人游戏区、猿人狩猎区和猿人祭祀广场等。其中一个洞白、红双色和裂隙洞内飞瀑也是世界溶洞之绝。汤山镇汤泉路距离南京二十八千米，这里有一座庄重典雅的建筑就是著名的蒋介石汤山温泉别墅。由于这里的温泉全国闻名，水温常年保持在摄氏五十至六十度，所以蒋氏夫妇经常来此休闲。整个建筑分地上和地下两层，其中地下室有蒋宋夫妇“鸳鸯浴池”、侍卫官浴池和随员浴池。别墅附近有号称南京“小九寨沟”的安基湖，这里自然风光优美，因尚未开发，所以保留了原生态的特点。另外，汤山镇北有宝华山，山上有佛教律宗祖庭隆昌寺。因此处为镇江地界，所以它的详细介绍会安排在后面的镇江名胜内。

汤山风景区的旅游资源丰富，开发的潜力巨大。目前，在景区内已建成了华东地区最大的水上游乐项目——水魔方水上乐园，它拥有目前全国最大的真沙海滩，约一万平方米，能同时容纳两万人狂欢。

牛首山风景区

牛首山森林公园位于中华门外十千米处的江宁区境内，处在长江和外秦淮河之间的丘陵地带，山高二百四十八米，由牛首山、祖堂山、东、西天幕岭、隐龙山等诸多大小山组成。牛首山因其突出的双峰相对峙恰似牛头上的一对角而得名。唐太宗贞观年间慧能和尚来牛首山修行，法融曾在此谈禅，创立了牛头宗，这里便成了佛教南宗的发祥地。唐代大历九年(774)，代宗李豫感梦，在东峰建造了一座七级浮图，就是现在仍巍然屹立牛首山巅的弘觉寺塔，而曾经的弘觉寺已毁。1130年，岳飞在牛首山大败金兵，收复建康府，牛首山闻名遐迩。由于这里风景优美，所以历来是皇家眼中的风水宝地。其中南唐先主李昪的钦陵和中主李璟的顺陵就位于祖堂山的西南麓，后人称“南唐二陵”。同时，明代的航海家郑和墓位于牛首山的南麓，墓按伊斯兰风格修建，呈“回”字形。后人为纪念他，还在此陈列了郑和宝船模型。牛首山景区著名的景点有拱九峰、神蛇洞、摩崖石刻、舍身台、岳飞抗金古战场及国家重点文物保护单位南唐二陵与郑和墓。牛首山中的松竹茶很有名，还出产十分珍贵的硅化木化石，可与南京雨花石相提并论。阳春三月，茂林修竹，桃花争艳；黄昏时分，暮色苍茫，云蒸霞蔚，“金陵四十八景”有三处在此：祖堂振锡、献花清兴、牛首烟岚令人沉醉。俗话说“春牛首，秋栖霞”，这里是春游的好去处。

阅江楼景区

阅江楼景区坐落于南京城西北狮子山，濒临长江。狮子山原名卢龙山，周长两千米，有“狮岭雄观”的美誉，是“金陵四十八景”之一。据说朱元璋称帝后下令在山顶建造阅江楼，并亲自写《阅江楼记》，后大学士宋濂也写一篇收入《古文观止》。然而虽有两篇佳作流传于世，却因种种原因没有建成。岳阳楼、滕王阁和黄鹤楼都是以名人诗篇得以传世，而阅江楼则以其“有记无楼”具有传奇色彩。为弥补这一遗憾，2001年阅江楼终于建成。楼高五十二米，共七层，主体建筑面积达四千余平方米。阅江楼的建筑设计、色彩选定均以朱元璋在《阅江楼记》中所描绘的状况和神采为依据，以明代风格、皇家气派为基本方针，展示阅江楼之巍峨形态和磅礴气势，从而使其高度、体量、气势均与岳阳楼、滕王阁、黄鹤楼相媲美。景区有阅江楼、玩咸亭、古炮台、孙中山阅江处、五军地道、古城墙、地藏寺、五色土、天妃宫遗址、静海寺等三十余处历史遗迹，是一个融人文景观与自然景观于一体的全国知名旅游胜地。由于阅江楼滨江而居，是观赏长江风光的最佳之处，现已成为南京的标志性建筑之一。放眼望去大江东去浪淘尽，背江而望，金陵美景尽收眼底，十分惬意。

明故宫遗址

明故宫位于中山东路南北两侧，又称“南京故宫”，是明朝早期的皇宫，也是北京故宫的蓝本。据说这里在三千年前是古秦淮河道的河床，后建皇宫地基之时，古燕雀湖被填平，明故宫地下的水系就此戛然而止。工程始于公元1366年，历时一年建成，壮丽巍峨，盛极一时。有人说，明故宫遗址最吸引人之处就在于它的神秘，史学家至今没有发现这里的详细工程图纸。据当今学者考证，宫殿由皇城与宫城两部分组成，皇城在外，围护着宫城。皇城范围南北长二千五百米，东西宽二里，周长九千米，呈“凸”字形，开有六道门。宫城又称大内，俗称“紫禁城”，也开有六道门。在皇城与宫城之间还有两道门，南为承天门、北为端门，与洪武门、午门处在同一条中轴线上。沿着明故宫内的南北中轴线，由南向北从皇城南端的洪武门到承天门中间的御道上有五座石桥，名“外五龙桥”，桥下就是外御河。在承天门与端门之间的御道两侧是庙社区：东边设置了祭祀皇帝祖宗的太庙；西边则是祭祀神灵的社稷坛，再向北走就是午门。进入午门又有五座石桥，称“内五龙桥”，桥下为内御河。过了桥是奉天门，由南向北依次建有奉天、华盖和谨身三大殿。三大殿的东侧有文华殿和文楼，西边有武英殿和武楼，统称为“前朝五殿”。北京故宫的太和、中和、保和三殿就是模仿它们建造的。三大殿之后就是皇帝与后妃生活起居的地方，名叫“后廷”。处在中轴线位置上的是乾清、交泰、坤宁三宫，左有柔仪殿（东宫），右有春和殿(西宫),两殿相对。东北角为东六宫,西北角为西六宫。在春和殿西侧还有御花园。“前朝”与“后廷”相结合,组成“朝廷”。可以看出北京故宫的建筑格局与这里基本一致。这里曾作为明初洪武、建文、永乐三代皇宫,长达五十四年。后明成祖朱棣迁都北京,南京明故宫正式结束王朝皇宫的使命,但仍由皇族和重臣驻守,地位仍十分重要。然而,这样宏伟的明故宫建筑群却毁于明朝战乱以及太平军与清军的争战中。现于旧址上建起了明故宫广场和午朝门公园。“楼台金粉已沉销……月落宫垣春寂寂”,作为南京历史上第一个全国统一王朝的皇宫,如今人们只能从学者的考证中推断和遥想当时的金碧辉煌与恢宏气势。

朝天宫

朝天宫位于南京水西门内，是江南地区文庙建筑的典范。相传原为吴王夫差所筑之冶城，此后历朝历代均在此建有名楼佳构，成为名士登临之地。至明洪武年间，朱元璋下诏赐名“朝天宫”，取“朝拜上天”、“朝见天子”之意。现基本上保留了明代宫殿式体制。朝天宫为朝廷举行盛典前练习朝廷礼仪的场所，也是官僚子弟袭封和文武官员学习朝见天子礼仪的地方。朝天宫古建筑群占地面积约七万平方米，为江南地区最大的古建筑群之一。现朝天宫内恢复了一些礼仪项目的表演，如驾幸、进表、传制、进见、歌舞升平、还宫等。现存主要建筑有：最南边为宫墙，正南照壁上砖刻“万仞宫墙”四个大字，墙内有泮池。宫墙东、西两面入口处各有砖坊一座，三间三拱门，中门较大，上有砖刻横额，东为“德配天地”，西为“道贯古今”。西坊门处有下马碑，上刻“文武官员军民人等至此下马”。整组建筑分为三列：当中是文庙；东侧为江宁府学；西侧为卞公祠堂。朝天宫景区的一部分现为南京市博物馆，辟有六朝南京、大明南京、民国南京等专业展馆，馆藏文物近十万余件。其中，较有影响的是 1993 年在汤山溶洞发现的南京猿人头鼻化石，距今约三十五万年。近年，震惊世界的长干寺—阿育王塔出土的佛骨舍利的陈列使这里声名鹊起。

总统府

总统府坐落在南京市长江路上，现在是我国最大的近代史博物馆。这里见证了从鸦片战争到中华人民共和国成立的百年政治变迁与重大事件。整体建筑东边是一座中西合璧的大型建筑群。西边是一座极为精致的江南园林，称“西花园”。这里原是六百多年前朱元璋招降陈理后为其建造的汉王府。明永乐初年朱高煦被封为汉王，再次在此建造王府，今汉府街地名即由此而来，也因此花园又称“煦园”。清朝这里为江宁织造署、江南总督署、两江总督署。清康熙、乾隆皇帝下江南时均以此为“行宫”。太平军占领南京后，定都天京，洪秀全在此兴建了规模宏大的太平天国天朝宫殿，时称“天王府”。1912 年 1 月 1 日，孙中山在此处宣誓就任中华民国临时大总统，并组建了中国历史上第一个共和制的国家政权——中华民国临时政府。如今，作为中国近代史遗址博物馆，总占地面积为九万平方米，共分三个参观区域：中区（中轴线）主要是国民政府、总统府及所属机构，西区是孙中山的临时大总统办公室、秘书处和西花园以及参谋本部等，东区主要是行政院旧址、马厩和东花园。展馆和史料陈列分布在这三个区域中。其中西花园的漪澜阁、夕佳楼、忘飞阁、碑亭都是游人驻足之地，此时此刻中国近代的风云变幻在江南园林中烟消云散。

栖霞山

栖霞山位于南京城东北二十二千米，又名“摄山”。栖霞山驰名江南不仅因为有一座栖霞寺，更有南朝石刻千佛岩和隋朝名构舍利塔。此外这里山深林茂，泉清石峻，被誉为“金陵第一名秀山”。同时，因为山的西侧称枫岭，有成片的枫树，深秋的栖霞红叶如火，登高远望甚为壮观，景色十分迷人，民间素有“春牛首、秋栖霞”之说。南齐永明七年(489)，法号栖霞的明僧曾将其住宅“栖霞精舍”捐为寺院，因此得名“栖霞寺”。后经历朝增建、毁于战火、修复，到中华民国初年才又再建道场。赵朴初曾为栖霞山撰写《重修栖霞寺》碑文，对栖霞寺一千五百多年的历史作了总结。栖霞寺与山东长清的灵岩寺、湖北荆山的玉泉寺、浙江天台的国清寺并称“天下四大丛林”。现主要建筑有山门、天王殿、毗卢殿、摄翠楼、藏经楼等。从栖霞寺南侧围墙外山路向东行不远有舍利塔，舍利塔建于隋仁寿元年(601)，始为木塔，后毁于唐武宗会昌年间。现存之塔系南唐时高越、林仁肇建造。该塔用白石砌成，五层八面，高约十八米。塔外壁上刻有浮雕，形象姿态生动传神。塔基上刻着释迦牟尼出家修道的故事。全塔造型典雅、秀美，雕刻细腻、精湛，装饰华丽，为佛教艺术在江南的代表作，在中国古代建筑史上占有重要的地位。栖霞山古迹名胜遍布诸峰，其中尤以2000年发现的“东飞天”石窟蜚声海内外。“东飞天”在千佛岩的一〇二号佛龛中，这个洞很小，共有五座佛像，洞顶的两组飞天为橙色，线条清晰可辨，中间佛像头顶的火焰隐约可见。这是中国所发现的最东部的“敦煌遗迹”，进一步丰富了“东敦煌”的文化内容。

莫愁湖

莫愁湖位于南京城西水西门外，是一座有着一千五百年悠久历史和丰富人文资源的江南古典园林。公园里林木葱郁，湖畔亭、堂、厅、楼错落有致，在古代享有“南京第一名湖”之称，为六朝胜迹。最初名为横塘，因靠近石头城，又称“石头湖”。相传莫愁是南朝时（479—502）齐国洛阳一美少女，家贫卖身葬父，远嫁金陵。莫愁端庄贤惠、乐于助人，因不容于舅姑投湖自尽，为了纪念她，从此改名“莫愁湖”。清乾隆年间，在园内建郁金堂，筑湖心亭，并在她的故居郁金堂侧赏荷厅的莲花池内，为她塑起了一尊两米高的汉白玉塑像。现园内有胜棋楼、郁金堂、粤军阵亡将士墓以及孙中山先生手书“建国成仁”碑等景点。二十世纪八十年代，随着一曲《莫愁啊莫愁》在全国的唱红，莫愁湖的名气随之蜚声海内外，甚至一度成了南京的标志性景点和符号之一。莫愁湖不大，但这里的海棠花十分有名，品种和数量堪称南京之最。每年四月的海棠花会十分热闹，使人领略到“春深似海”的妙意；而夏日的“莫愁烟雨”则被誉为“金陵四十八景”之一；秋天的挽月楼和冬天的雪景也让人体会到麻雀虽小、五脏俱全的道理。

南京长江大桥

南京长江大桥位于南京市西北面的长江上，连通市区与浦口区，是一座双层双线公路、铁路两用桥，于1968年12月29日竣工。南京长江大桥与其说是一处名胜，不如说它承载了几代人的梦想、一代人的奋斗与无数人的怀旧情结，同时这里也是人们审视“文革”美学的一扇窗口。南京长江大桥的建成是继武汉和重庆长江大桥之后，自行设计建造的第三座最长的大桥。上层为公路桥，桥长四千五百八十九米，两侧有人行道。下层为铁路桥，桥长六千七百七十二米，铺有双轨，两列火车可同时对开。公路引桥采用富有中国特色的双孔双曲拱桥形式，公路正桥两边的栏杆上嵌着两百幅铸铁浮雕。南北两端各有两座高七十米的桥头堡，堡上各有三面红旗，象征着五十年代的人民公社。堡内有电梯可通铁路桥、公路桥及桥头堡上的瞭望台。堡前各有一座高十余米的雕塑，雕像上的五个人物是当时中国社会的重要组成部分，即工、农、兵、学、商，他们共举五星红旗象征团结一致的革命苦干精神。整座大桥如彩虹凌空江上，十分壮观。尤其是晚上，桥栏杆上的一千零四十八盏泛光灯齐放，桥墩上的五百四十盏金属卤素灯把江面照得如同白昼，加上公路桥上的一百五十对玉兰花灯、桥头堡和大型雕塑上的二百二十八盏钠灯，使大桥像一串夜明珠横跨江上，所以有“金陵四十八景”之一的“天堑飞虹”之称，是二十世纪南京的地标建筑。六十年代，南京长江大桥曾以“最长的公铁两用桥”被载入《吉尼斯世界纪录大全》。如今，南京虽然有了长江二桥、三桥和建设中的四桥，但在人们心目中，长江大桥的地位无可撼动，每天都吸引着大量游客前来观瞻。

南京大屠杀纪念馆

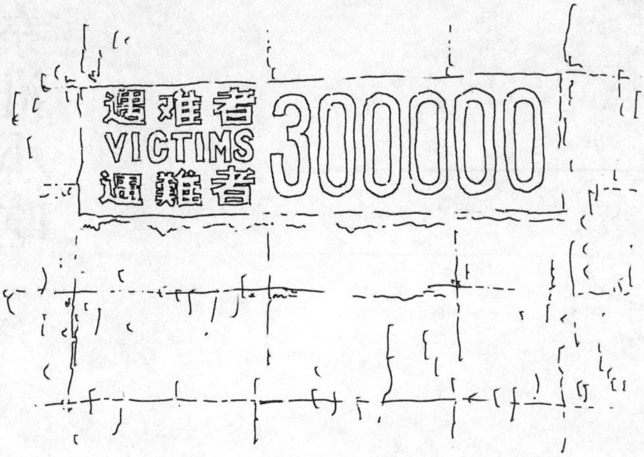

为悼念遇难同胞，南京市人民政府于 1985 年在江东门修建了南京大屠杀纪念馆，这里曾是侵华日军集体屠杀遗址和遇难同胞丛葬地。1995 年进行了扩建。如今该馆占地面积两万八千平方米，建筑面积三千平方米。纪念馆由中国目前最具影响的建筑设计师之一齐康教授设计，整个造型就像一座墓地，建筑物采用灰白色大理石垒砌而成，气势恢宏，庄严肃穆。纪念馆以史料、文物、建筑、雕塑、影视等综合手法，全面展示南京大屠杀特大惨案。分为外景展区、遗骨陈列、史料陈列三个部分。外景展区包括群雕、立雕、浮雕、标志碑、纪念碑、诗碑、赎罪碑、枯树、断垣残壁、遇难者名单墙、绿树草坪等诸多景观，构成了生与死和悲与愤为主题的纪念性墓地建筑风格。遗骨陈列室的外形为棺椁状，陈列着建馆时挖掘出的部分遇难者遗骨，是侵华日军大屠杀的铁证。史料陈列区呈墓穴形状且一半在地下，这里存有一千余件珍贵的历史照片、文物、图表和见证资料，采用灯箱、沙盘、泥塑、油画、复原景观、多媒体触摸屏、电影电视等现代陈列手段，再现南京大屠杀的悲惨历史，揭露日本军国主义者的血腥暴行。虽然这里不能称为风景名胜，但却是国际间祈祷和平与历史文化交流的重要场所，同时也是全国爱国主义教育示范基地，是中外游人经常凭吊的地方。

秦淮小吃

无论是古书记载还是众文评说，南京人爱吃、会吃小吃是出了名的。南京古称“秦淮”，千百年来秦淮河哺育着古城南京，摇橹赏灯、倚船听曲往往是人们茶余饭后的一大嗜好，休闲的南京人在饱了眼福和耳福之时不忘口福，因此这里的小吃文化十分发达。其中，夫子庙秦淮风味小吃是我国四大小吃群之一。这里的茶楼饭店，街边小吃满目皆是，形成独具秦淮传统特色的小吃集散地。然而，最令人叫绝的还是南京人能将这些看似不起眼的小吃请进大雅之堂，成为许多高档酒楼的镇店之宝，创出了秦淮八绝等各式各样的小吃名目。

秦淮八绝作为四百多种秦淮风味小吃的杰出代表，以八套、十六样小吃的套餐形式出现。色、香、味俱全，盛小吃的器皿也造型各异、十分讲究。品尝过程中常伴有讲解、歌舞表演等，既饱了口福，还享了耳福和眼福。配合窗外幽幽古朴的秦淮河，仿佛让人穿越到古代，这八套秦淮风味名点小吃又称“八绝”，“一绝”为魁光阁的五香茶叶蛋、五香豆；“二绝”为永和园的开洋干丝、蟹壳黄烧饼；“三绝”为奇芳阁的麻油干丝、鸭油酥烧饼；“四绝”为六凤居的豆腐涝、葱油饼；“五绝”为奇芳阁的什锦菜包、鸡丝面；“六绝”为蒋有记的牛肉汤、牛肉锅贴；“七绝”为瞻园面馆的薄皮包饺、红汤爆鱼面；“八绝”为莲湖甜食店的桂花夹心小元宵、五色糕团。近年，奇芳阁在秦淮老八绝的基础上开发出了“新八绝”：雨花香茗和双味美碟、金钩鸭舌和鸭油烧饼、桂花芋苗和卤水臭干、江鲜蒿丸和什锦菜包、竹荪牛汁和牛肉锅贴、雨花元宵和鸡茸汤包、麻油干丝和粽香羊排、奶油细面和灵菇鱼肚。与1987年版的老八绝相比，除了牛肉锅贴、麻油干丝、什锦菜包外，绝大多数都是新面孔，最大特点就是注重科学营养搭配，改变过去重糖重油的做法。该“秦淮八绝小吃宴”已经被江苏省烹饪协会评为“江苏省名小吃”。当然，除了上述登堂入室的小吃，依旧活跃在街头巷尾的还有：腊八粥、小笼汤包、鸭血粉丝汤、油炸臭干、如意回卤干、盐水鸭头、鸭肫、旺鸡蛋等等。

无锡篇

无锡，地处美丽富饶的长江三角洲区域中心，自然风景资源丰富多彩，得天独厚。北临长江，南濒“三万六千顷”之广的太湖，湖中“七十二峰”散立，山清水秀。这里有9.5平方千米的蠡湖交融于“范蠡西施泛舟”的历史情景中，一派水乡淡雅秀丽的风姿；有陶都宜兴的洞天、茶洲、竹海，泛露出浓重的生态气息；有徐霞客故里江阴，长江大桥傍着要塞天险，尽显自然写意与现代人文相结合的风光。清末民初，先后建造了著名的鼋头渚、蠡园、梅园等江南园林，它们依山傍水，风景秀丽。同时，千里大运河从无锡穿城而过，历史上依河建有米市、布市、书市、丝市等“四大码头”，是“中国四大米市”之一。如今运河两岸历史文物资源也十分丰富，既有薛福城故居、东林书院、日晖巷、伯渎古窑，又有惠山横直街、古祠堂群、清名桥、小娄巷等历史文化街区，成为中国古运河文化的精华地。尤其是“水弄堂百姓枕河人家”被誉为“江南民俗风情的流动画廊”。此外，鸿声的泰伯墓、梅村的泰伯庙、彭祖墩大型遗址的考古发现都是吴文化源自无锡的有力证明，它在向世人诉说：无锡是江南蒙蒙烟雨中孕育出的一颗璀璨的太湖明珠。

锡惠景区

锡惠景区位于城西，距中心三阳广场两千米，是太湖风景名胜区的重要组成部分，与梅梁湖景区相邻，紧偎于京杭运河之旁，倚锡山、惠山，两山之间人工开挖了映山湖，使真山假水相互辉映。惠山海拔三百二十八米，素有“江南第一山”的美誉。锡山是惠山的余脉，是无锡的主山。早在四千多年前，锡山南麓一带曾是新石器时代中晚期无锡先民的大型聚集村落，与“良渚文化”为同一时期，是无锡的文化发源地，所以锡山山巅的龙光塔是无锡城的标志。这里的锡惠公园是集清幽的山林秀色，众多的文物古迹和舒适的休闲娱乐于一体的综合性大型园林。锡山顶上的龙光寺，山底的龙光洞、愚公谷、九龙壁、动物园以及映山湖畔的阿炳墓，吸引了无数的中外游客。玉皇殿、头茅峰等道教仙踪，是中国传统儒、释、道三种文化的聚集地和沉淀区。“九龙十三泉”久负盛名，而惠山东麓的惠山泉因被茶圣陆羽评为“天下第二泉”而名扬天下。二胡名曲《二泉映月》，就是民间艺人瞎子阿炳在惠山泉边以他的亲身体验写成的，惠山泉也因此而驰名海内外。惠山泉附近的惠山寺是江南名刹之一，始建于南北朝。古华门附近有建于明代的寄畅园，以高超的造园艺术而成为中国古典园林的典范，这里是乾隆皇帝六次下江南巡游至无锡必到的钟爱之地，为此乾隆下令画师照本描绘，回京后在颐和园仿造了一园取名“惠山园”，即今谐趣园。锡惠景区是一个以天下名泉、古典园林和明清祠堂为特色的山林型景区，在这座露天的历史博物馆中，人们看到了江南文化的灿烂异彩。

太湖鼋头渚风景区

无锡太湖鼋头渚自然风景区位于无锡马山太湖国家旅游度假区最南端，由大储山蜿蜒伸入太湖中腹，形成半岛，因酷似巨龙伏卧又形似浮鼋翘首在太湖碧波之中，故名“鼋头渚”。明初，这里的“太湖春涨”即被列为“无锡景”之一。从龙舌、龙眼、龙耳、龙颈到龙背，全长两千五百米，有龙门、沙坞湾、望龙亭、龙亭、续颈桥、西青草堂、龙吟奇石科普馆、蛤蟆石等胜景。这里山不高而层峦叠嶂，水不深而烟波浩淼，是一幅山清水秀、天然的江南山水画。山上四时佳果不断，水中常年湖鲜不绝，龙扬梅和太湖银鱼早已驰名江南。人游其上，四周水抱山环，松柏叠翠，气势壮阔；处处曲径通幽，柳暗花明，风景优美。鼋头渚公园始建于 1918 年，有段时间曾是蒋介石的私家园林，堪称“无锡第一胜景”。青山绿水之中，长春桥、澄澜堂、飞云阁、劲松楼、光福寺、陶朱阁等园林建筑点缀其间，更有包孕吴越、芦湾消夏、十里芳径、湖山真意、藕花深处、中犊晨雾、鼋渚春涛、万浪卷雪、鹿顶迎辉、充山隐秀等十大自然景点和被誉为“太湖仙岛”的“三山映碧”湖心岛。形成了“春花、夏荫、秋色、冬景”的四季绝佳风景，同时这里至今仍保存着许多古代吴越史迹及吴越历史人物的传说。

蠡园

蠡园坐落在蠡湖北岸的青祁村，地处风光秀美的蠡湖之滨，是太湖国家级名胜区的主要景点之一。它占地一百二十三亩，其中水域面积约五分之二，以水景见长。蠡湖，原名“漆湖”、“五里湖”，相传春秋时越国大夫范蠡偕美人西施泛舟于此，湖因人而得名后，园因湖而得名。中华民国初年，青祁村人虞循真在此建“青祁八景”。1927 年同村民族工商界人士王禹卿“慨慕范大夫蠡之为人”而兴建蠡园；1930 年，当地小陈巷人陈梅芳紧靠蠡园建渔庄；1952 年两园合并后以蠡园为名开放。蠡园大门保留了原来渔庄古朴端庄的风格，从正门入，进暗廊、月洞，穿过假山屏障，即来到建于 1930 年的“百花山房”。房后有“范蠡西施故事”画廊。廊端接小亭，名“思越”，内有西施蜡像。该园三面环水，远眺翠嶂连绵，近闻长浪拍岸；南堤春晓，桃红柳绿；枕水长廊，步移景换；假山耸翠，曲折盘旋；亭台楼阁，层波叠影。主要景点有：四季亭、南堤、湖心亭、高桥、假山、长廊、春秋阁、荷花、六角亭等。当代大文豪郭沫若咏有佳句：“欲识蠡园趣，崖头问少年。”由于蠡园假山就水而叠，因水而活，尽显山水交融之“假山真水”的无限情趣。登上全园的最高点——春秋阁远眺，但见方山澹澹，烟水悠悠。如果说锡惠景区以山取胜，鼋头渚以水见长，那么这里则是假山真水令人称奇。

梅园

梅园景区南临太湖，北倚龙山，是太湖风景名胜区的组成部分。风景区有三大主要景区：一是以梅园为中心的梅文化主题公园；二是以风格各异的园林景观为一体的园林博览园；三是以奇花异卉为主的花溪景区。三大景区中以梅园最为著名。梅园距无锡市西郊七千米，面临万顷太湖，背靠龙山九峰。园内以梅花驰名，故称“梅园”。它由我国近代著名的民族工商业家荣宗敬、荣德生1912年所建，1955年由荣德生之子荣毅仁将园捐献给政府。园内一块紫红色的巨石屹立正中，高约两米，上镌“梅园”两字系荣德生亲笔所书。此外，有洗心泉、无心名、念劬塔、诵幽堂、读书处等众多“荣氏”人文古迹。其中，天心台前有三块一字排开、玲珑多姿的太湖石峰，状如“福禄寿”三星。天心台名出于“梅花点点皆天心”之句，台用黄石垒成，上建六角亭，台下三面小溪潆绕。这里梅花繁盛，品种尤多。当年，民族工商业者荣宗敬、荣德生兄弟在东山辟园，利用清末进士徐殿一的小桃园旧址，植梅数千株，经十余年建设，占地八十一亩。当时所植梅花多为果梅。现在园中有梅树四千多株，盆梅两千多盆，品种繁多，不少是从苏州、常熟、扬州、杭州、成都、武汉等地引进的。有洁白素净的玉蝶梅，有花如碧玉的绿萼梅，有红颜淡妆的宫粉梅，有胭脂欲滴的朱砂梅，还有浓妆艳抹的墨梅等。在梅林中心区两侧，分别建有对称的清芬轩和揖蠡亭，透过梅林间隙可见太湖和蠡湖一角。香海为拱券形门窗房屋三间，四周环廊，面对梅林。诵豳堂与香海南北呼应，面阔九间，中间三间为正厅。中堂高悬的“诵豳堂”匾为书画家吴作人手笔。梅园，以老藤、古梅、新桂、奇石来显示它的高雅古朴风格。每当梅花冲寒而开，梅园门口车水马龙。素花丛中笑语阵阵，游人如云盛况空前。

灵山景区

灵山胜境坐落于山清水秀的无锡太湖之滨，是一座规模宏大、文化精深、意境空灵的佛教主题园区。灵山景区包括著名的灵山大佛、九龙灌浴、灵山梵宫、灵山大照壁、祥符禅寺等景点。其中灵山大佛矗立在小灵山南麓，因其所在位置是唐玄奘命名的小灵山，故名“灵山大佛”。大佛包括莲花座在内通高为八十八米，相当于一幢三十余层楼房的高度，比“山是一尊佛，佛是一座山”的四川乐山大佛还要高出十七米，是迄今为止我国最高的巨型佛像。灵山大佛双目垂视，眼神睿智慈祥，不论游客站在哪个角度遥望，似乎都在大佛眼神的关切之中。九龙灌浴景观取自佛教故事，内容为展示佛祖释迦牟尼诞生时的宏大场面。灵山梵宫作为气势恢宏的建筑与庄严的灵山大佛比邻而立，瑰丽璀璨的艺术和独特深厚的佛教文化交相辉映，整个建筑气势磅礴，布局庄严和谐。精雕细琢的东阳木雕，敦煌技师的手工壁画，光灿夺目的琉璃巨制，精致典雅的浮雕壁画，技艺精湛的扬州漆器，恢宏大气的油画组图，古雅精丽的景泰蓝须弥灯，精美的景德镇青花斗彩缸等等，这些汇集众多文化遗产、艺术瑰宝的珍品遍布灵山梵宫的各个区域，将优秀的传统文化演绎得淋漓尽致，令人目不暇接、回味无穷。灵山大佛之“大”，九龙灌浴之“奇”，以及灵山梵宫之“特”，共同构成了灵山胜境的三大奇观，让游客流连忘返。“一花一世界，一叶一如来”。进入灵山，便是“万古长空，一朝风月”的开阔境界。灵山的美在于她大气磅礴的景观，博大精深的文化，以及她完美融合了天然山水与人文景观的生动、隽秀。如今，灵山大佛已成为无锡的标志之一。

无锡影视基地三国水浒景区

无锡影视城位于军嶂山麓、太湖之滨，依山傍湖而建，尽享太湖之灵气、秀气。基地拥有大规模的古典建筑群体，包括：三国城、水浒城、唐城。“三国城”内的建筑雄浑古朴，主要景点有汉鼎、吴王宫、后宫、曹营水寨、吴营水寨、甘露寺等；“水浒城”内的建筑工巧华丽，主要景点有皇宫、樊楼、清明上河街、御街、紫石街、水泊梁山等；“唐城”内的建筑金碧辉煌，主要景点有御花园、沉香亭、华清池、唐宫等。无锡影视城是当年中央电视台按照“以戏带建”的理念，为拍摄电视连续剧而打造的三大功能景区。其鲜明的旅游特色集中表现为以下几点：一是古典建筑规模宏大，真实再现历史风貌。这些建筑都由专家们精心考证设计，真实还原了当时历史背景下的建筑风貌。有些建筑，如甘露寺、沉香亭等，其历史真迹已无处可寻，只有在这里才能欣赏到这些历史建筑的风貌。可以说无锡影视基地是一个反映华夏历史文化的大殿堂，其中所蕴含的历史价值和文化内涵相当深厚。二是丰富多彩的演出节目，它是无锡影视基地的旅游亮点，这里每天连续上演二十多场马战、歌舞、影视特技类节目。三是乘坐古船畅游太湖，欣赏秀丽的山水风光。太湖风光最美的一角在无锡，而影视基地独具慧眼，利用这一独特的优势开发了乘坐古战船游览太湖的黄金水上游览项目。四是影视剧组明星云集，游客们除了可以在片场看到明星拍戏外，还可以参与景区组织的明星与影迷的“见面会”，让游客“零距离”接触明星。除了水上的秀丽风光，基地内陆上的自然风光同样宜人。一年四季鲜花锦簇，绿树成荫，更有山林小径清幽雅致，仿若世外桃源。如此优越的地理环境与自然资源使得无锡影视基地荣获了“最佳自然风光影视基地”的称号。

东林书院

东林书院位于无锡市解放东路，亦名“龟山书院”，是我国古代著名书院之一。东林书院创建于北宋政和元年(1111)，是当时知名学者杨时长期讲学的地方。其间成为宋明时期我国江南理学传播中心和著名书院。明朝万历三十二年(1604)，由东林学者顾宪成、高攀龙为首的学者等人重新修复并在此聚众讲学，他们倡导“读书、讲学、爱国”的精神，引起全国学者普遍响应，一时声名大噪。顾宪成撰写的名联“风声雨声读书声声声入耳，家事国事天下事事事关心”更是家喻户晓，东林书院由此成为江南地区人文荟萃之地和议论国事的主要舆论中心，而这群人也被称为“东林党人”。东林书院建筑功用主要分讲学、藏书及祭祀等部分。书院布局为东中西三条轴线。中轴线上分布有书院正门、石牌坊、东林精舍、丽泽堂、依庸堂、燕居庙、三公祠等讲学建筑。东林书院的标志性建筑和象征就是石牌坊，坊额上题“东林旧迹”和“后学津梁”。书院西轴线上有晚翠山房、来复斋、心鉴斋、寻乐处、小辨斋等建筑。东轴线则由道南祠以及报功祠、时雨斋，草庐、东林庵等建筑组成。道南祠是东林书院内一处重要建筑，由大门、前堂、享堂组成，为祭祀东林书院创始人杨时的祠堂。东林书院历经许多朝代修缮，现在的面貌是2002年至2004年全面修复的。东林书院虽一席片壤，但它在我国政治、思想、文化及教育史上均占有一定地位，其倡“实学以救世”，视“天下为己任”的东林精神绵延不息，流芳百世。

善卷风景区

善卷洞风景区位于宁杭高速宜兴鲸塘出口处五千米的螺岩山中，是中国最早开放的石灰岩溶洞旅游景点，被称为"宜兴三奇"之首，与比利时汉人洞和法国里昂洞并称为"世界三大奇洞"。善卷风景区得江南山水之灵气，集吴越文化之精华，进入风景名胜区犹如进入一座艺术的殿堂。洞中钟乳巧夺天工，素有"万古灵迹"、"欲界仙都"之美。历代名贤雅士、文人墨客均在此留下了篇篇千古绝唱的诗文石刻。

善卷洞分上、中、下、水四洞，最奇的是下洞和水洞。善卷洞的中洞是洞的入口，它是个高大深远的天然大石厅，石厅两边是形似青狮、白象的巨石，岩壁上镌有"伏虎须弥当洞口，青狮白象拥莲台"的联句，又称狮象厅。上洞称"云雾大场"，有倒影荷花、万古双梅、熊猫小居等景点。其中乌龙吐水、金鸡独立的景观是当年海水冲刷的痕迹。接中洞与下洞的岩石通道名"盘梯"，为当年人工开凿而成。下洞景色斐然，具乡间田园景致。大雨过后会有悬崖飞瀑直泻下来，小桥流水潺潺归赴水洞。水洞是古老的地下溪河，长约一百二十米，水深四米多，可泛舟，曲折荡漾，加之千奇百怪的石钟乳造型配上彩灯，如游水晶宫。出水洞后周围还有许多人文景观，如三国时期的"国山碑"、晋代的"祝英台琴剑之冢碑"、唐代的"碧鲜庵碑"，还有始建于南齐的古刹善卷寺。民间传说中的祝英台据说出生在善卷洞，现善卷洞周围仍有英台阁、祝陵村以及梁祝故事中“十八相送”遗址，是国内《梁祝故事》记载最早、记述最丰、遗迹最多、史据最足的遗存地，被授予“中国梁山伯祝英台之乡”。游客可以进梁祝化蝶园，与彩蝶舞翩跹。还可观看梁祝化蝶表演，品香茗，领略梁祝文化。这里还有国家级文物国山碑、世界一绝的五十三尊紫砂观音悬雕、中国第一陶吧和紫砂藏品陈列馆等。

竹海景区

宜兴竹海风景区位于苏、浙、皖三省交界。这里盛产竹，自古就是竹的海洋。竹海风景区中心面积一万亩，纵横八百余里，万亩翠竹随山势起伏好似波涛翻滚，绵流不绝，形成了一片翡翠的海洋，素有“中国第一竹海”之称，是我国竹风景、竹风情和竹文化的代表性景区。景区内山清水秀，一日之内从山下至山顶四季变化明显。是自然界赐予人类的天然氧吧。主要景点有太湖第一源、苏南第一峰、竹报平安、镜湖秀色、索桥凌波、寂照禅寺、竹林飞瀑、翡翠长廊、悬空栈道等等，或气势宏大，或清幽深邃，或曲折迷离，各具特色。其中最令人称奇的要属这里镜湖内存活着大量十五亿年前的活化石——桃花水母，其珍稀程度堪称“水中大熊猫”，具有极高的科学价值和观赏价值。宜兴竹海，是集自然生态的山水文化、寂照寺的宗教文化、清风洞的溶洞文化、竹种园的竹文化、三省交界的地域文化和陶都地方风情文化为一体的综合性游览胜地，自然资源与人文资源相当丰富。

无锡古运河风景区

无锡古运河是京杭大运河的一段，它北接长江，南达太湖，全长四十多千米，纵贯无锡城区。无锡古运河的历史可以追溯到三千年前的商末所开凿的伯渎河，这条河不仅是无锡最早的人工河，应该说也是人类历史上最早的运河。如今，在无锡能够一览古运河风貌最佳的角度应该是在清明桥。横跨在水弄堂上的清明桥是无锡古运河上规模最大、保留最完整的单孔石拱桥。始建于明万历年间，至今已有四百多年的历史。在无锡人的心目中，清明桥在历史上的繁荣就像《清明上河图》所描绘的一样，是古老运河历史的符号、繁荣的象征、文化的缩影。2009 年无锡清明桥古运河景区建成，占地约四十四公顷，由两条交汇呈“丫”形的千年古河和两条沿河古街构成，荟萃了丰富的历史遗存和人文景观，这个有着古运河“绝版精华地”美誉的“江南水弄堂”被誉为“中国活态运河博物馆”。这里保存有明清时期的古窑、古宅、古桥、古街、古巷、古庙、古寺、古塔、古码头等历史文化景观。“桨声、灯影、古桥、民居”构成了一幅最纯粹的古运河“民俗风情水上图”。两边民居高低栉比，码头石埠错落有致。白天人家临窗面水，夜晚船家橹声灯影。后门洗淘下船，前门逛街上桥。每逢下雨时节，丝丝小雨飘洒在白墙黑瓦上，好一幅“人家尽枕河”的画面。虽然这里有的房屋已经破旧，墙壁斑驳，但面对这小桥流水、枕河人家、桨声惊梦的水弄堂，总能让游人流连忘返……

两岸的历史遗存和人文景观积淀着深厚的文化底蕴，使这里成为京杭大运河沿岸绝无仅有的历史文化景观长廊。作为吴文化和近代民族工商文化的重要发祥地，这里名流辈出，人文荟萃。目前建好的岸上景观有：中国丝业博物馆、祝大椿故居、无锡窑群遗址博物馆、薛南溟旧居、南水仙庙等。这里是一个集文化遗产旅游、休闲度假、文博艺术欣赏、水乡体验于一体的风景名胜区。无论是白天还是夜晚，站在清明桥上能体会到生活在运河人家的安逸、自足，这也许就是悠悠古运河带给他们的那种自信与满足吧。清明桥是一个窗口，从人们极普通的生活中我们可以回味人生，体味运河千百年的文化遗存。

宜兴龙背山森林公园

龙背山森林公园位于宜兴城区南面，占地5.5平方千米。龙背山原名“红荡山”，因这一带蜿蜒起伏的山冈形似蛟龙伏着的背脊，故称“龙背山”。这里丘峦叠秀、林壑优美、碧水清冽、花草飘香。公园大门入口处有目前华东地区规模最大的人工瀑布群。瀑布东侧是砚池，砚池碧波有两百亩水面，荡舟赏景，湖光山色尽收眼底。全园以一百零八米的文峰塔为制高点，它是宜兴这个“教授之乡”的历史文化传统的缩影和标志。文峰塔原名“承云塔”，清顺治年间不慎失火，塔内木结构全毁而砖石尚存，所以保留了原来的外形。登高纵目，太湖烟波一览无余，铜峰秀色，宜城新貌尽收眼底。园内上万平方米草坪绿意盎然，桂花园、杜鹃园、蔷薇园镶嵌于青松翠竹间，次第花开，四季如春，岩碧飞瀑和茂林修竹常使游客流连忘返。五百多亩的果园，桃、梨、杏、杨梅等十多个品种的果树以及郁郁葱葱的茶园让你亲身体验温馨的农家乐。大型过山车、观光车、阿波罗飞船、攀岩等设施齐全的游乐项目感受惊、奇、险的刺激；布局合理、环境幽雅的垂钓、放舟、多功能广场等景点让心灵变得平静、简单，是富有地方特色的综合性大型生态娱乐景区。而且这里的文化积淀也十分丰厚。昔时，晋周孝侯在此射南山之虎，留下射虎亭、流杯桥；唐代宰相陆希声曾来石亭探梅，挥毫赋诗，寄畅情怀；宋岳武穆抗击金兵在此筑岳堤、建谢桥，更有一代戏剧家明末宰相吴炳于此筑室秉笔，留下《粲花五种》。结合龙背山有关义牛、神虎、白螺等众多的民间传说和历史遗存，现重修了听秋轩、浮翠亭、西石亭；纪念明代宰相徐溥的含清亭、渔隐亭；纪念明进士吴仕颐山亭、双楠桥、承云桥、善行桥；以及为纪念显亲寺的显亲桥等名胜古迹。园内的历史、科教、文艺名人馆承继传统，荟萃文脉，展示历代先贤文治武功、才智懿德。风俗馆有我们熟悉的和不熟悉的宜兴籍的名人名家们，值得一提的是，里面还有古时候的嫁妆展览和从清朝到现代的各个时期文凭，以及各式各样的结婚证书，这些既是地方历史的缩影，又彰显宜兴丰厚的文化底蕴。千百年来，多少达官显宦、文臣雅士或在此出生，或将此选做千古长眠之地与青山碧水长守。龙背山森林公园是沪、宁、杭地区最大的城区生态公园和最大的森林公园。

江阴滨江要塞景区

江阴滨江要塞旅游区位于江阴市区东郊，北滨长江，民国以来即以要塞为乡、镇名。景区包括：黄山湖公园、鹅鼻嘴公园、黄山炮台、江阴长江大桥。其中江阴黄山滨江而立，高约九十二米，东西连绵三千二百米，是茅山余脉，在长江南岸起伏的山脉之一。黄山西衔鹅鼻山、君山，东接萧山、长山、巫山，临江逶迤十余千米，构成了江阴古城“枕山负水”、“水环峦拱”的天险形势。黄山与靖江孤山隔江对峙，俨如扼守大江咽喉的两名卫士。长江自京口折向东南流到这里骤然紧缩，然后放宽，滔滔入海，所以这里素有“江海门户”、“锁航要塞”之称。黄山湖公园位于鹅山之南，园内湖水波光粼粼，环湖小道曲径通幽，大道两旁的香樟大树和园内的绿地、花草构成了一个完美的人间天堂。水秀山清、林幽石奇之中有郭璞草庐，优美的自然环境衬托出古代文人雅士的别样情趣。向北不远处便是鹅鼻嘴公园，“山环芙蓉城，私怪鹅鼻状”。美丽的鹅鼻嘴公园逶迤蜿蜒多姿，形如鹅伸鼻江中而得名。鹅山是一道天然屏障，把江阴市区与长江相隔，鹅山之下有鹅鼻洞相通，洞长二百一十六米，高两米，宽一米五。当年，国民政府为抵制日寇入侵加紧长江防务，开挖了贯通鹅山南北的山洞，其中有十一个弹药库作为蓄存武器弹药和人员之用。穿过山洞豁然开朗，滔滔长江就在眼前，沿江向上游方向有栈道直通鹅鼻嘴，此处便是长江最窄处。江水湍急，滚滚东流，有看云听潮亭。每当中秋时节，江潮汹涌，甚为壮观，这就是“江阴著名八景”之一的黄山秋涛。此外还有江尾海头、澄江古渡、鹅鼻积雪、盘古流泉等四十个景点。黄山炮台在山的最高处，沿石级可直达山顶，这个炮台是 1912 年孙中山先生乘联鲸号战舰来江阴黄山视察工作，拨款将土炮台改建为水泥结构的洋炮台，并正式划黄山为军事要塞，江阴黄山炮台由此正式提名。黄山炮台遗址废垒犹存，十二座分布在各个山湾、山头的混凝土炮台，七座清理出土的清同治年间的古炮和两尊“耀武大将军”万斤铁炮及弹丸，构筑了古今战场胜迹。此外，江阴长江大桥也是景区的重要组成部分，它是中国第一、世界第四的大跨度悬索桥，每根主缆长度有二千一百七十八米。江阴大桥无论从炮台远观还是从江边近看都非常雄伟壮观，尤其是夜晚，在灯光笼罩下的江阴大桥更是别有风味。江阴滨江要塞旅游区已形成以山体为主，以大桥为标志的景观，明清古炮台、要塞森林公园相匹配的大花园、大博物馆格局，立体旅游蔚成大观，别具魅力。

锡城小吃

无锡又称“锡城”，无锡的饮食受江南水质影响，喜甜好软，小吃自然也就喜欢用糯米、糖做成各式各样的糕点，且造型、名称讲究，精致、美观。比如梅花糕因形状像梅花而得名，五色玉兰饼因馅心中加入玉兰花瓣而得名，还有海棠糕、梅贡饼、酒酿棉子团、桂花糖粥，这些甜品甜而不腻，光听名字就会生出许多好感。作为一个有着悠久历史的江南名城，无锡的传统小吃同样丰富多彩。小吃不仅强调甜，还强调鲜。比如小笼包子、油豆腐干、三鲜馄饨、春卷、豆腐花、萝卜丝饼、挂粉鲜肉汤团、银丝面、烧卖、糖芋头、油面筋……追溯往昔，无锡王兴记风味小吃、皇亭风味小吃名不虚传。每逢节假日，崇安寺宣亭风味小吃总是吸引无数的中外食客。在无锡老百姓的心目中，王兴记、皇亭、功德林、伊斯兰等等老字号既是无锡美食小吃的代名词，也代表无锡的一种情怀、一种概念、一种向往。王兴记开业于1913年，它的馄饨和小笼馒头均是无锡特色宴席“乾隆江南”中的小吃。三凤桥的酱排骨又称“肉骨头”，甜咸适中，腴而不肥。另外，大浮山的杨梅和阳山水蜜桃也是街边小店的时令水果小吃。

徐州篇

徐州地理位置于江苏之北、山东之南，自古便是北国锁钥，南国门户。历来是兵家必争之地和商贾云集中心。徐州古称彭城，缘于彭祖和他所建立的大彭氏国，是中国著名的历史文化名城。与其相关的历史文化名人不可胜数，彭祖、刘邦、项羽、苏东坡、乾隆都与徐州结下了不解之缘。如果说在西安可以了解秦文化，那么在徐州则可以领略到汉文化的风采，楚汉相争的遗迹名胜比比皆是。刘邦起事前任亭长的泗水亭，衣锦还乡时的大风歌碑、歌风亭；项羽检阅部队的戏马台，张良进履求书的圯桥和悲歌散楚兵的房山；韩信十面埋伏打败项王的古战场九里山等。汉朝在汉高祖刘邦的子孙手中曾是中国历史上非常发达的一个大帝国，两汉四百余年间徐州产生七百一十三位楚王，为徐州留下了大量文化遗产和名胜古迹，其中尤以汉代三绝——汉兵马俑、汉墓、汉画像石为代表的两汉文化最为璀璨夺目。同时，徐州还是中国烹饪文化以及中国佛教文化的发源地，有“彭祖故国、刘邦故里、项羽故都”之称。作为江苏省第二大城市和铁路枢纽，徐州被评为“江苏文艺第一城”和“江苏旅游第三城”。如果说苏州是吴韵的代表，那么徐州则是汉风的典范。

云龙山风景区

云龙山位于徐州市南郊和平路，海拔一百零四米，是苏北的名山，也是国家级风景名胜区。原名“石佛山”，因山形蜿蜒如龙，且常年云雾不散，所以得了一个如此吉祥的山名。云龙山正门设在北麓山脚，门楼为花岗岩砌成的仿明代牌坊式建筑，高十余米，三开间，中间门楣上有明万历十四年莫与齐手书“云龙山”三个石刻大字。主要景点有：大士岩、放鹤亭、兴化寺、卧牛泉、观景台、云龙书院及方龙索道等。现在保留的古迹有望湖亭、醉石亭、东坡石床、黄茅岗摩崖石刻等。大士岩位于云龙山西麓，为徐州知州姜焯所建。康熙五十八年(1719)姜焯于此处得异石一块，遂命工匠雕成观音大师，并盖庙宇，故名曰大士岩。出大士岩，经半山亭，过白鹿洞即到黄茅岗，这里岗岭四合，林壑秀美。乾隆来徐州时曾题写“黄茅岗”三个大字刻在峭壁上，著名的“东坡石床”就在岗上。沿大士岩拾级而上到山顶平台有放鹤亭。门上悬匾“放鹤亭”三字为苏轼手迹。放鹤亭最初为北宋元丰年间张天骥所建，此人自号云龙山人，后与苏东坡结为好友，常与其于放鹤亭中饮酒，并著《放鹤亭记》。由放鹤亭沿东线下石梯即到兴化寺。兴化寺原名石佛寺或大佛寺，因北魏时于悬崖上凿石佛而得名，石佛高十余米。大雄宝殿依山而建，峭壁悬崖被覆在殿内，又因悬崖峭壁与山体相连，每逢阴雨天便有水渗入，或如瀑布，滴水自上而下形成了殿内山水奇观。峭壁有无数洞穴，洞穴内佛像形态各异。大殿南北山墙外有钟亭、鼓亭。钟亭内钟上刻有“风调雨顺”四字，每逢清晨或黄昏和尚诵经之时，悠扬的钟声便从这里发出，俗称“徐州八景”之一——佛寺钟声。云龙书院建于清康熙年代，雍正年间徐州知府李根云改造并命名。书院为清宫式建筑。观景台坐落在云龙山第三节山上，台高六米，占地一千五百平方米，整个建筑依山就势，造型古朴端庄。登台远眺云龙湖、黄河、古战场及全城美景尽收眼底。入夜，霓虹灯光芒四射，宛如珠楼玉宇、人间仙境。云龙山作为徐州重要的自然景观素有“徐州名胜之冠”的美誉。

云龙湖风景区

云龙湖风景区位于徐州城区西南部奎河上游，属淮河流域。东依云龙山，西连韩山，距离徐州市中心仅三千米，与云龙山风景区相邻，以蓝天、碧水、绿草著称。景区面积达一千一百四十公顷，其中湖水面积五百八十公顷，市区中山路南端即为云龙湖风景区大门。这里是疗养度假的极佳场所，也是国家水利风景区。经过多年的开发与保护，已成为一座以城市防洪为主，结合城市风景、农业灌溉、市区冲污、水产养殖、旅游开发、度假休闲和餐饮美食等综合效益功能的风景区。其中东湖以水上活动和游览为主；西湖以疗养度假人居为主；南湖以娱乐餐饮为主。景区内山清水秀，风光如画，文物古迹众多，有石壁留踪、杏花春雨、荷蒲熏风、芦荡飞白、湖光倒影、碧波送爽、长堤、雪月、沙屿垂钓等众多景点。云龙湖水上世界为亚洲最大的淡水水族馆，馆内造景奇特，风光旖旎，置身其中宛若潜入江海水底，群鱼溯游回旋、光影斑驳、五彩缤纷，水中世界神秘莫测、扑朔迷离。

由于云龙湖的最终形成与苏轼的当年愿景有一定关系，所以景区内多以苏公塔、苏公桥、苏公岛命名。1994 年云龙湖还与杭州的西湖结为“姊妹湖”，了却了苏轼的遗憾。云龙湖三面青山，叠翠连绵；一湖波光，尽收眼底；四季风光，各有千秋。尤其是湖东地区的一些历史遗迹更为这里增添了许多文化元素和汉文化的气息。在云龙湖东北入口有刘备涌泉；杏花村景区内有季子挂剑台；除了玉带般的苏堤，还有龙华桥、泛月桥、云汇桥、解忧桥等，它们把水景和岸景有机结合在一起，共同组成了“云龙十八景”。云龙湖北岸的滨湖公园紧邻市民广场，俨然成为徐州人民的会客厅。

徐州汉文化景区

徐州汉文化景区位于徐州市区东部，东起三环路，南至陇海线，西接京沪线，北迄骆驼山，占地面积一千二百余亩。整个景区"有俑有陵有汉画、有山有水有古刹"，呈现为一部立体的汉代史，成为集"两汉三绝"为一体、国内最大的汉文化主题公园。主要包括楚王陵、汉兵马俑、汉画像石为主题的三个博物馆，以及解忧公主纪念馆、贵族陪葬墓、骑兵俑坑等景点。它是徐州区域内规模最大、内涵最丰富、两汉遗风最浓郁的汉文化保护基地。历史文化胜迹与山水美景交相辉映，创造了人文自然并举、历史现代共生的现代精品旅游区。景区的主入口是汉文化广场，广场东西长约二百八十米，南北宽约九十米，占地一万八千平方米，采取规整庄严的中轴对称格局。其空间定位以东西为走向，依次布置了入口广场、司南、两汉大事年表、历史文化展廊、辟雍广场等景点，终点矗立汉高祖刘邦的铜铸雕像，构成完整的空间序列。景区分汉代物质文化遗存展示区和汉传佛教游览区。其中处于汉文化景区核心区的狮子山楚王陵，其主人很可能是西汉第三代楚王刘戊。该陵墓形制奇特，工程浩大，是一座罕见的特大型西汉诸侯王崖洞墓葬。陵中出土金、银、铜、铁、玉、陶等各类珍贵文物二千余件套，工艺精绝、令人叹为观止。狮子山楚王陵是徐州地区规模最大、文物遗存最多、历史价值最高的一座西汉王陵，被评为 1995 年中国十大考古新发现之首，中国二十世纪一百项考古大发现之一。位于楚王陵南侧的羊龟山，据推断为楚王王后之陵墓。墓室构造精致，功能齐全，特别是整个陵内满涂红色与蓝色，富丽堂皇，在已知的汉代王陵中独有。由于色彩保护技术的复杂性，目前暂未正式发掘。现建有王后陵展示厅，展示相关汉代诸侯王墓与王后墓的形制结构。汉兵马俑是西汉第二绝，也是徐州汉文化的典型标志，它于 1984 年在楚王陵西侧三百米处被发现，是一支由六条兵马俑坑组成的庞大地下军阵，出土有步兵、车兵、骑兵、战马等各类陶俑五千余件。在此基础上修建的徐州汉兵马俑博物馆为两层建筑，面积约六千平方米。其中“徐州汉代军事展厅”，通过兵马俑发展历程、军阵布局、制作工艺等内容，与秦兵马俑、汉阳陵兵马俑、咸阳杨家湾兵马俑相对比，能更深入理解徐州兵马俑所具有的丰富时代内涵。汉兵马俑馆北侧一百米（狮子潭内）新建有目前国内唯一的水下兵马俑博物馆。该馆为两个方形椭斗状建筑，借鉴汉代屋顶建筑形式，呈四坡面。展出的是复原的俑坑和精心修复的兵马俑。水下兵马俑馆与汉兵马俑馆共同为观众呈现了两千多年前大汉楚王所拥有的完整军阵和汉代发达的军事、经济、工艺奇迹与文明。汉代第三绝就是在狮子潭水面东侧新建的以“汉画像石文化体验”为主旨的博物馆。汉画像石长廊全长约三百米，是国内第一座此类型博物馆。这里共分三个区域：动漫展示与休闲区、汉画像石及拓片模拟制作互动区、汉画像石精品展区。其中堪称国内第一的以汉画像石图案为题材的动漫影片，创造了汉画像石文化新的艺术表现形式。展厅外还分布了“车马出行组团”、“战争比武组团”、“生产生活组团”、“神话世界组团”等四个汉画像石组团，真实再现了汉代政治、经济、文化、信仰等各个方面，充分反映了汉代人的精神气质和审美追求。徐州汉文化景区自 1984 年成功发掘并对外开放以来，以其“粗犷、雄浑、博大、超越”的汉文化精神享誉海内外，成为“两汉文化看徐州”的窗口。

戏马台

戏马台位于徐州市中心区户部山岗上，是历史文化名城徐州现存最早的古迹之一。中国历史风云变幻，戏马古台历经沧桑。两千年来，戏马台作为西楚霸王项羽的遗踪吸引无数的志士文人登临凭吊，站在戏马台很容易让人联想到当年项羽为人的豁达和洒脱。公元前206年，盖世英雄项羽灭秦后自立为西楚霸王，定都彭城（今徐州），在城南的南山上构筑丛台，以观戏马、演武和阅兵等，故名。戏马台布局依山岗地形逐步上移，错落有致。经山门，照壁上有“拔山盖世”篆刻大字。东侧高台基上，置有铜铸巨鼎一座，上镌“霸业雄风”，大鼎呈长方形，双耳四足，重六千五百千克，高两米五，长一米九一，宽一米五一。鼎腹铸有歌颂项羽历史功绩的《戏马台鼎铭》铭文一篇。一道琉璃瓦檐赭墙连接东面两处古朴典雅的四合院。西院称“秋风戏马”院，戏马堂是该院的主殿，堂周环以回廊，二十四根丹柱绕堂排立，四壁为雕花窗棂。堂中屏风为“秋风戏马”图，反映当年项羽在虞姬陪侍下观看士卒驰马操练的场景。东配殿和西配殿均有大型壁画，其中东边项庄舞剑画面描述了当年鸿门宴的紧张气氛。西边则勾勒兵败垓下后霸王诀别爱姬的离愁场景。戏马台台顶重檐六角亭的风云阁内树有碑名——戏马台，戏马台为明代徐州兵备右参政柳城莫与齐所书，笔峰苍劲遒劲，碑石高过两米。崇台位于戏马台顶、风云阁后。风云阁左首有登高台，后有环形碑刻长廊，镶有古今书法家所咏戏马台的诗词五十余处。院内立有一块孤赏石，从一侧看是将军雄姿，从另一侧看是鬼脸，取意于李清照咏项羽“生当作人杰，死亦为鬼雄”诗句。此外，戏马台还有追胜轩、集萃亭和系马桩、乌骓槽等景点。由于地势较高，登台远眺古城尽入眼帘，是“徐州旧八景”之一。历史上，戏马台与苏州园林和南京六朝石刻并列为“江苏三宝”。

淮海战役烈士纪念塔景区

淮海战役纪念塔园林位于徐州市凤凰山，始建于1960年，整个园林气势宏大、风景秀美，是一个历史内涵深刻、人文景观丰富、自然景色优美的革命纪念地和风景游览区。淮塔园林占地一千二百亩，经过近四十年的建设，如今的园林拥有纪念塔、纪念馆、淮海战役碑林、总前委群雕、国防园等五大主建筑，粟裕骨灰撒放处、胡耀邦植树处、青年湖、青年广场、中心花坛等十大景点。景区人文景观闻名遐迩，自然景观赏心悦目，粗犷和秀丽熔于一炉，雄壮和典雅融为一体。各大主建筑独自成景，又珠联璧合交相辉映，构成一个空间辽阔、规模宏大、独具特色的纪念性园林风景区。纪念塔高约三十八米，塔的上端雕刻着由五角星、步枪和松子绸带组成的塔徽，塔身正面镶嵌着毛泽东当年题写的“淮海战役烈士纪念塔”几个镏金大字。塔座正面镌刻着镏金碑文，记述着淮海战役的历史经过以及烈士们前仆后继、广大群众奋勇支援前线的英雄事迹。在纪念塔附近的五位人物雕像分别是总委刘伯承、陈毅、邓小平、粟裕和谭震林。2004年在淮塔园林南侧于原址新建了淮海战役纪念馆，它是世界上最大的陆战博物馆。馆区分序厅、战前形势、战役实施、战役胜利、人民支前、缅怀先烈，全景画馆七大部分，上下两层。新馆主体平面为百米见方的正方形，展馆四周环绕二十米高的柱廊，以朴实、宁静、现代、简洁的外部造型，与原淮海战役纪念馆相协调，烘托淮海战役纪念塔的主导地位。碑林在园林西北部，由碑亭、碑墙、碑廊、碑室等组成。其中主碑重一百五十吨，两面均为毛泽东的手稿。国防教育园在园林南部，由国防教育馆、兵器陈列场、模拟训练场、军体活动场组成。如今，淮塔景区入选全国一百个“红色旅游经典景区”之列。

龟山汉墓

龟山汉墓位于徐州市九里山经济开发区境内的龟山西麓。作为西汉第六代楚襄王刘注夫妻的合葬墓，龟山汉墓以山为陵，全部为人工疏凿而成的两座并列相通的合葬墓，其中南为楚襄王刘注墓，北为其夫人之墓。两墓均为横穴崖洞式，有南北二甬道，于1981年首次发现。汉墓内的十五间墓室大小配套，室室相通，主次分明。虽然这里的出土文物不多，但由于此墓工程浩大，雕凿精细，气势雄伟，实为中华一绝，世界罕见。龟山汉墓的四大谜团至今让历史考古学家难得真解：第一，汉墓的两条甬道长五十六米，沿中线开凿，最大偏差仅为五毫米，精度达千分之一；两条甬道相距十九米，夹角为二十秒，误差为一万六千分之一，且墓道两壁都磨平如镜。按当时的技术水平如何才能修建这样精致的墓道？第二，龟山汉墓为典型的崖洞墓，其十五间墓室和两条墓道总面积达七百多平方米，容积达两千六百多立方米，几乎掏空了整个龟山山体。当时是如何掌握山体的石质和结构使施工得以顺利进行的？第三，刘夫人墓室的前厅和棺室及石柱上分别留有乳头状石包，分布走向呈不规则排列，绝非工艺点缀，它到底代表什么意思？有人认为它象征着照明的灯盏，也有人认为它象征着楚襄王刘注的应天星，但都不能自圆其说。最后一个谜，也是龟山汉墓最神奇的地方。楚王棺室北面墙上清楚地显示着一位真人大小的影子，它身着汉服，峨冠博带，做拱手迎宾状，被称为“楚王迎宾”。这一形象是在墓室正式开放后逐渐形成的。有人认为它是长期渗水所致,但影子外却没有任何渗水痕迹;有人认为是由于岩石石质不同而形成,但它为什么偏偏出现在楚王棺室呢,无人知晓。正是这样的神秘与奇特使龟山汉墓从众多汉墓中脱颖而出,让游客对它产生更多的好奇和兴趣,使这里成为一处探秘景观。

邳州艾山九龙景区

九龙山风景区位于苏鲁两省交界的邳州市铁富镇境内，距邳州市区二十千米。相传古时九龙山遍生艾草，且六十年出一次可以治百病的神艾，故又名“艾山”。山中层岩叠嶂，怪石嶙峋，一条山溪蜿蜒其间，气候宜人。既有凤凰台、九龙脊、九龙涧、石婆沟、黑风潭、燕子树、仙人湖等众多的自然景观以及美丽动人的传说，更有春秋时期的艾王城遗址，三国时期徐庶隐居之“徐庶洞”，唐宋时期的古战场“黑风口”，明清时期的奶奶庙等遗址。近年重新修复或开发的景点包括汉阕山门广场、汉阙牌坊、孝道、艾山水库、望龙亭、艾王阁、御笔亭、华严寺、铁佛寺、如意大道、九龙佛塔等人文景观。其中如意大道全长九百五十八米，宽十二米，因其造型为如意形状而得名。中间大道上连绵不断的浮雕采用汉代艺术形式雕刻而成，内容具有浓厚的佛教文化氛围。浮雕的北端矗立着一尊高一米六的优质汉白玉宝瓶；浮雕南端有一柄汉白玉如意，长四米七，高二米七，重达三十多吨，与大道北端玉宝瓶相呼应，寓意平(瓶)安如意。铁佛寺始建于元代，为苏北鲁南名寺之一，先后于明朝万历年间与清朝康熙年间两度重修，毁于二十世纪六十年代“文革”期间。现铁佛寺总建筑面积八千多平方米，共有五层大殿，分别为山门殿、天王殿、大雄宝殿、千佛殿、铁佛殿，以及观音殿、地藏殿两座偏殿和居士林、素斋堂等附属建筑组成。九龙佛塔由中央主塔及四周八条汉龙组合而成。中央主塔为密宗、禅宗汉传风格，为青铜铸造。中央塔底部为“八龙引水”的汉白玉石雕，八条巨龙与中央主塔用七米环水池相隔，池内设置音乐喷泉，每当佛教音乐奏响，中央水池喷泉开始启动，水池内喷泉随着音乐节奏而起伏跳跃，开启后三分六秒时，金刚莲花宝座上八瓣莲花及佛塔内六瓣莲花会缓缓转动或绽开，经过三分两秒的转动之后，金身佛祖和八观音要全部现身时，周围蹲踞的八条巨龙将一齐喷出高达三十多米的弧形水柱，八条水柱直冲天际，轰然交汇，沐浴佛身。天空中出现色彩斑斓的彩虹，金身佛祖及八尊形态各异的观音缓缓露出尊容供游人欣赏。佛塔内壁铸有一万三千多个造型各异的小佛，因此又称“万佛塔”。九龙山景色旖旎醉人，春天装扮的桃红柳绿；夏天散发着槐香蜜甜；秋天展现出霜叶如火；冬天塑造着松柏映雪。万亩桃园和如意湖自然风光秀美，如意大道与九龙佛塔佛文化底蕴深厚，铁佛寺及华严寺晨钟暮鼓绕梁，张良受书和徐庶归隐传说名垂千古。经过千百年的历史文化积淀，艾山九龙景区集奇山秀水与禅庭胜地于一身，融沧桑古韵与灿烂民俗为一体，是方圆数百里人们求福祈愿的佛教圣地、寻幽探胜的心灵家园。

新沂马陵山风景区

马陵山地处亚欧大陆第一交通枢纽城市新沂市南郊十千米处。北起山东兰山，南抵宿迁。马陵山古称“司吾山”，亦称“吾山”。清代乾隆皇帝六度南巡三幸司吾山，写下了“钟吾漫道才拳石，早具江山秀几分”的诗句。马陵山由峰山、斗山、虎山、奶奶山和黄花莱岭五座山组成，当地人称为“五姊妹山”。群山之中以峰山五华顶为主峰，形胜之美，称于江淮。“峰峦横万迭，绝胜蓬莱境”说的就是这里。景区以奇特的自然景观、丰富的历史文化内涵和种类繁多的动植物资源著称。马陵山绵亘数百里，号称“八百里马陵”。战国中期，公元前341年，齐、魏马陵之战孙膑胜庞涓就发生在这里，马陵之战由南至北历经整个马陵山区。这里历来是兵家必争之地，在古代及现代战争史上都占有重要位置。马陵山风景名胜区约六十平方千米，主要景点有三仙洞、三真岩洞、龙台、全潮律院、禅堂、司吾清晓、龙泉夜雨、翰林墓、乾隆行宫、司吾古国遗址等数不胜数。这里自古为游览胜地和佛教胜地，佛道共存，可谓道家修仙之灵地，佛门坐禅之净土。寺庙梵宫代有营建，暮鼓晨钟蔚为壮观。禅堂宝刹，三面青山屏玉水，八百载古建承佛教香火。七真岩洞，四处迭峰气不散，七百年浮雕见道家仙颜。泉潮律院，残砖断瓦留昔日道场辉煌，山隐古寺，曲径通幽存过去禅房清静。景区总体为三大景区：三仙洞景区为核心景区，也是精华所在。黄巢湖景区以自然野趣和水上活动为特色。花厅景区以“花厅古文化遗址”的丰富历史文化内涵为主要内容，这里出土的人殉墓葬引起了中外考古学家的关注。除花厅古文化遗址外，这里还有两处省级文物保护遗址，分别是宿北大战前沿指挥部遗址和小徐庄古文化遗址。1946 年 12 月的宿北大战，陈毅元帅指挥部就设在风景区内的三仙洞内。新中国成立后，陈毅元帅曾亲笔为马陵山风景区的园林题词——峰山公园、宿北青年跃进林。作为江苏省风景名胜，马陵山是以古老的文化遗存和革命纪念地为内容、以山水景观和田园风光为特色的著名风景区。

沛县汉城

沛县地处江苏西北，微山湖西畔，素有“千古龙飞地，王侯将相乡”的美誉。沛县汉城位于沛城中心，于1996年建成对外开放。它由汉城公园、汉街、汉高祖原庙、歌风台等大型仿汉建筑群组成。形成了“城中之城”的格局。汉城公园占地三十四公顷，是一座集古典建筑精华与现代造园艺术于一体的综合性公园。公园由汉宫区、少儿游戏区，水面活动区等六大景区二十多个景点组成。其中高大雄浑的汉魂宫是汉宫区主体建筑。歌风台重檐飞阁，气势磅礴，再现了当年刘邦酒酣击筑歌吟“大风起兮云飞扬，威加海内兮归故乡，安得猛士兮守四方”的壮观情景。歌风台建筑总高近二十七米，是汉城建筑群的制高点。现存有省级重点保护文物“大风歌碑”共三块。第一块为汉碑，字体浑圆遒劲，结构匀称优美。据《沛县志》和《徐州府志》记载，为东汉蔡邕或曹喜所书。今人冯亦吾先生考证为西汉沛人文学家爰礼所书。诸说不一，但被公认为我国的书法珍品。汉碑现存部分约为原碑的四分之三，其余部分遗失，所缺的九字尚未发现。碑材石质坚细，虽历经两千年风雨剥蚀，文字仍清晰可辨，是古代碑刻的艺术珍品。第二块碑称为元碑，系元代大德年间摹刻。第三块又称甲子碑，是1984年请书法家按原碑规模摹刻的。沛县文化遗产丰富，名胜古迹众多，汉城除大风歌碑，还有汉画像石、汉代陶器等都是国家级稀有文物。泗水亭、琉璃井、高祖原庙、射戟台等十八个历史人文景点也驰名中外。

彭祖园

彭祖园位于徐州市南郊马棚山，西与云龙山相连，南与小泰山、凤凰山相望，其地形犹如天地间一把养生的太师椅。1976 年筹建时称南郊公园，因徐州古称大彭氏国，又有彭祖这位精通养生、擅长烹饪的长寿长者，故在 1984 年扩建时易名“彭园”，以象征徐州的悠久历史和古老的文明。彭祖园南北狭长，中部包容了福山、寿山两座山头，呈现出中部高四周低的地形特点，福寿山西麓有神话般迷人的不老湖。彭园共有五个景区二十二个景点。五个景区即彭祖文化游览景区、不老潭山林区、动物园区、植物园观赏区和游乐区。其中彭祖文化景区为彭祖园的核心景区。大彭阁位于彭祖园寿山山顶，总高十八米，建筑面积四百五十平方米，是彭祖园的标志性建筑之一。“大彭阁”三字由国画大师李可染先生题赠。彭祖祠在彭祖园中部，福山南麓，祠内供奉着大彭国的开创者、华夏第一寿星、彭姓的始祖——彭祖，它是海内外彭氏宗亲魂牵梦绕的祭祖圣地。彭祖园东门有一座巍峨壮丽的石牌坊高高矗立在福寿广场的东端，这就是被称“彭祖四胜”之一的“大彭氏国”石坊。祭拜广场位于福山、寿山之间，处于彭祖园的中心位置。福寿广场得名于广场上目前国内最大的“福”、“寿”石刻。“福”、“寿”是彭祖文化的核心，是彭祖园的主题。彭祖井位于寿山西山脚下，也是彭祖文化的重要符号，其水质优良。导引台、吐纳石位于福山山顶，据说彭祖创建大彭国之后看中了这一带是风水宝地，经过天长日久的研习他在这里发明了导引术，为日后五禽戏、太极拳的发展奠定了基础。吐纳石是一块天然大石，如椅如床，相传是彭祖练习吐故纳新之处。不老潭景区位于彭祖园西部，福山西麓，处于青山拥抱之中，属山间盆地地形。数条山间小溪汇聚于此，水面清澈明亮，波光粼粼。相传彭祖带人在湖畔修练，见此处泉水汩汩喷流，禁不住捧起一捧一饮而尽，顿觉甘甜滋润，通体清爽，好像年轻许多。后人故称此湖为“不老湖”。不老潭与福山、寿山、云龙山等名山相依，山因水而秀，水因山而灵。附近观鼎桥下常常聚集上千条红色的锦鲤，绕着宝鼎追逐游戏，色彩鲜艳，人称“锦鲤闹鼎”。这里是彭祖园的山水景观最佳处。同时，整个园已形成春赏樱花，夏看悬瀑，秋观红叶，冬赏雪梅的园林景观以及养生、休闲文化景观。

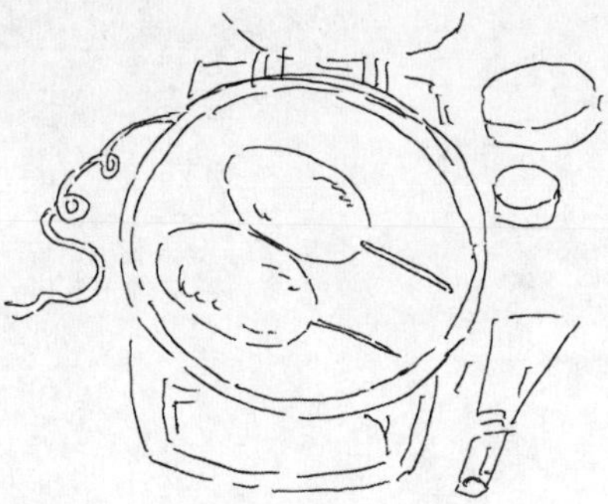

彭城小吃

徐州古称“彭城”。徐州的饮食文化历史悠久，是烹饪鼻祖彭祖的故里，注重食疗、养生，所以小吃中各种汤别具特色，口味和苏南地区的清淡不同，讲究辣、鲜、咸，味较重。但同时偏北方性格的徐州人却喜好南方的甜食，茶余饭后喜欢吃糖豆、蜜三刀、孩儿酥糖、羊角蜜、牛蒡酥等甜点。徐州的传统小吃丰富多彩，有荣获中华名小吃称号的彭祖羹，汤用麦仁、鸡丝、海带丝、笋丝做成，以其汤汁浓肥、口味醇厚著称。当地人喜好吃鱼辣汤，汤中五香粉、胡椒粉的口味明显，由于用蛋花勾芡，所以咸鲜酸辣适口，席行巷的鲜辣绿豆丸子汤也颇有名气。而丰县的鱼汁羊肉，羊方藏鱼，沛县的鼋汁狗肉、霸王别姬以及水煎包子和帝王粥则延续了古代两汉的饮食文化，特别强调味道的鲜美。其中鼋汁狗肉更是伴随《大风歌》享誉海内外。除了汤羹类，受北方饮食文化影响，这里的面食品种也很多。有用杂粮做的像龟背形状大小的龟打，未发酵的面做的烙馍、锅盔、煎饼，可佐以各种小菜，还有用面粉做的形似小鱼的“面鱼”，至于窝头、花卷更是品种繁多。徐州小吃中非常让人好奇的还属臭盐豆，它是黄豆经发酵加工制作的，“闻着臭，吃着香，一顿不吃馋得慌”，这是徐州人对臭盐豆的赞誉。

常州篇

常州地处长江中下游，南濒太湖、北靠长江，与上海、南京两大城市等距相望，与苏州、无锡联袂成片，是长江下游金三角地区重要的中心城市之一。常州历史深远悠久，公元前547年的春秋时期建邑立邦，始称延陵。自西晋起，常州始终是郡治或府治所在地。因所在地理位置“襟江枕湖”，工商经济发达昌盛，素有“三吴重镇，八邑名都”之称。隋文帝时定名常州，别称“龙城”。灿烂的历史文化给常州留下了众多的名胜古迹。“明清看北京，隋唐看西安，两汉看徐州，春秋看淹城。”常州有中国最古老、最完整的地面城池遗址，有南朝文笔塔，隋代京杭大运河，唐代天宁寺，北宋红梅阁，清代近园和太平天国护王府等古迹。同时这里也是出名人的地方，中国革命历史上著名人物瞿秋白、张太雷的故居，还有赵翼故居、史良故居、华罗庚纪念馆等。如今，现代的天目湖旅游度假区、中华恐龙园等，它们交相辉映，使古城常州焕发出迷人的风采。

天目湖旅游度假区

天目湖度假区位于苏、浙、皖三省交界处的江南历史名城溧阳市境内，距市区仅八千米。东临太湖和陶都宜兴，北望常州，西接南京，南连天目山脉。沙河和大溪两座大型水库水质清冽，从高空俯视犹如少女一双明亮的眼睛，故名“天目湖”。湖岸蜿蜒曲折，湖面布满大小岛屿，奇花异草在此盛开，野生动物在此栖息，形成和谐的生态系统。在三百多平方千米的区域内分为旅游中心区、度假休闲区、森林公园区、农业历史文化区、环境保护区和湖上娱乐区六个功能区。景区主要包括以“山水情、亲山水”为主题的山水园；以反映姜子牙辅助周武王兴周伐纣历史故事的太公山；体现江南园林秀美与雅致的湖里山公园；全国唯一以宣传状元文化的仿古阁楼状元阁；揭开人类起源之谜的中华曙猿馆；展示五彩缤纷海底生物的海洋世界；体验当地民俗民风的乡村田园岛；品鉴高雅茶文化的绣球岛；源于佛教四报恩理念的报恩禅寺；重温脍炙人口《游子吟》的德子亭等。天目湖度假区内环境质量高，周围被低矮起伏的丘陵山地所环绕，被原始和人工植被所覆盖，植被覆盖率达百分之八十五以上，拥有动物一百六十四种，植物两百多种，更以万亩竹海、千亩茶园而闻名。其中，茶香、水甜、鱼头鲜构成天目湖三绝，是天目湖精华所在。湖区周围茶园茗香越岫，有被载入吉尼斯世界纪录的“天下第一壶”。湖水保持天然山泉的纯度和矿物成分，经江苏省环保部门测定达到国家二级饮用水水源标准。湖中鱼类丰富，盛产被誉为“国宴鱼头”的砂锅鱼头的原料大灰鲢。山清、水秀、茶香、鱼鲜、空气好构成天目湖旅游度假区“湖光山色风景独秀，碧水蓝天江南明珠”的幽雅意境，给游客以“绿色仙境”、“返璞归真”的美妙感觉。

天宁寺

天宁禅寺坐落在常州延陵东路，前俯大运河，后倚红梅公园，是常州现存规模最大、保存最完整的千年古刹，素有“东南第一丛林”之称。它始建于唐永徽年间，初名光福寺，北宋政和元年(1111)改为今名。清乾隆皇帝六下江南曾三次到天宁寺拈香顶礼，并亲笔题写了“龙城象教”匾额和“合相正三摩，光融西竺；众音超万有，界现南兰”的楹联。天宁寺基广百亩，巍峨宏峻，被誉为“一郡梵刹之冠”。有殿大、佛大、钟大、鼓大、宝鼎大等“五大”特点。该寺主建筑有八殿、二十五堂、二十四楼等，主要景点有山门、天王殿、大雄宝殿、文殊殿、普贤殿、观音殿、地藏殿、罗汉堂、学戒堂(佛学院)、功德堂、藏经楼、达摩阁、放生池等。天王殿为全国屈指可数的大殿，檐下挂有全国政协副主席、中国佛教协会会长、当代著名书法家赵朴初题写的“天王殿”三个金光闪闪的大字巨匾。大雄宝殿是全寺最大的佛殿，供奉“三世佛”，即正中的释迦牟尼佛、东方世界药师琉璃光佛及西方极乐世界阿弥陀佛。大殿两侧墙上嵌有石刻罗汉像五百一十八幅，其艺术水平之高实为罕见，被视为寺中瑰宝。大雄宝殿前大院东西厢是罗汉堂，罗汉堂内五百罗汉个个金身雄伟、神态各异、栩栩如生。天宁寺尤以传戒大法会称著，为海内外佛门弟子所称道，素有“法会之盛，闻于遐迩；庄严妙胜，甲于东南”之美誉。天宁寺于2005年复建了唐宋风格的佛塔，取名“天宁宝塔”，以祝颂天下安宁。宝塔呈八角形，总高约一百五十四米，为迄今中华佛塔之最。塔刹采用金钢宝座塔形式，塔身外饰五万块镌佛玉石，塔林有两千多尊汉白玉小宝塔。整座宝塔壮观、厚重、雅致。天宁寺是全国重点佛教寺院之一，它附近还有红梅阁、文笔塔、舣舟亭等名胜古迹。

红梅公园

红梅公园位于常州城区中心，天宁寺北侧。1959年市政府以天宁寺林园为基础，征用含文笔塔、红梅阁等古迹在内的红梅乡四个生产队近五百亩菜地进行扩建，定名为红梅公园。全园分三区八景。“三区”即文物古迹区、娱乐活动区和科普教育区。“八景”是红梅春晓、林园钟声、曲池风荷、青峦倒影、吴风遗韵、翠薇秋霞、雪山劲松和文笔夕照。文笔塔始建于南朝，因形似文笔得名。以文笔塔为主景，北有笔架山、云影桥；东有文笔楼、梦笔轩、墨香榭、碑廊、砚池、文思桥和星聚桥等建筑；西有塔影池、盆景园、塔影山房、知音石舫、塔影亭、至德亭，还有袈裟塔、嘉贤坊等，这里的古建筑鳞次栉比，是公园的精华所在。红梅公园具有水乡特色，水面约占全园面积的五分之一，水路总长达两千五百米，桥梁众多，风格迥异，仅“文笔夕照”一处就有曲桥、拱桥、平桥、廊桥等多种造型的桥梁十五座之多，同时这里的桥名雅致，有意有境，不落俗套，如文思桥、星聚桥、伯牙桥、翠盖桥、西双桥、三吴桥等，尤以笔架山北首的云影桥历史最为悠久。位于塔园北侧的月季园，其各色月季堪称江南之冠，是全国五大月季观赏基地之一，甚逢冬末春初又有红梅怒放，更是相得益彰。人文景观中“拟仙都之仿佛”的红梅阁重檐飞甍，始建唐，现在的为清光绪年间重建。相传道教南派始祖紫阳真人张伯端曾在此修炼著书，有《悟真篇》一卷行世。现阁楼上辟有常州历史名人陈列馆，以图文并茂的形式展示了常州两千五百多年历史长河中涌现出来的四十四位有代表性的名士伟人。阁西侧的古春轩曾是中共早期领导人瞿秋白少年时代的读书处。另有纪念王安石的半山亭，以及千古奇石冰梅石等，每个景点都有一段生动的故事。

淹城遗址

淹城遗址位于常州市南面武进县湖塘乡淹城村，距市区约七千米。是我国目前西周到春秋时期保存下来的最古老、最完整的地面古城池，面积约0.6平方千米，迄今已有将近三千年的历史，现为全国重点文物保护单位。据说，淹城遗址是春秋时期吴文化的重要标志，也是世界上仅存的三城三河形制的古城。据考古证明淹城始建于春秋末，战国后废弃，使用年代很短。关于淹城的来历一说曾是商末周初奄国的国都，相传奄君就是周成王时期与商代后人武庚勾结发动叛乱的奄国君王，被周成王灭后带领残部从山东辗转逃到江南，在这里凿河为堑，堆土为城。另一说是春秋晚期吴国公子季扎不满阖闾刺杀吴王僚夺取王位，决心与阖闾的强暴政治决裂，"终身不入吴国"，便在封地延陵筑城挖河，以示淹留之决心，取名"淹城"。淹城气势壮观，遗址有土墙三重，分为外城、内城、子城，各城均有护城河环绕，只在西面有一出口通道。外城呈椭圆形，周长约两千五百米，内城和子城都为方形。城内有淹君殿、跑马岗、甘露城、头墩、肚墩、脚墩、玉井、摇铃钟声、龙泉等古景点。城内外散布着的百余个土墩中以头墩、肚墩、脚墩为最大。据史书记载，淹城古城墙最高达二十米，墙基宽二十五至三十米，全部由泥土夯筑而成。三护城河平均水深四米左右，宽三十至五十米，最宽处达六十余米。三千年的风雨留下来无数造化的杰作，自发掘以来陆续出土了大量几何印纹陶罐、缸、瓮、钵和铜编钟、铜鼎等青铜器，在内城发掘出的独木船更是轰动了中国考古学界。最大的一只独木船为整段楠木火烤斧凿而成，长十一米、宽九分米、深四十五厘米，被誉为“天下第一舟”。淹城水护城，城依水，宛如一座深奥莫测的水城迷宫，人称“中国江南第一城，淹城奇观甲天下”。近年以淹城遗址为核心开发出了春秋淹城旅游区，包括遗址保护区、春秋乐园区、野生动物区、旅游购物区、文化居住区、休闲度假区、商业游憩区和佛教文化区八大重点区域，淹城日益成为长三角地区璀璨耀眼的旅游新星。

中华恐龙园

中华恐龙园坐落于常州新区现代旅游休闲区，靠近沪宁线，交通便利。凭借出众的创意设计、领先的技术手段、新颖的艺术效果营造了中国规模较大的主题乐园。作为中华恐龙园标志性建筑物的中华恐龙馆，其建筑外观充分运用现代仿生建筑语言，三只龙龙头昂扬向上似在私语，丰盈巨硕的恐龙龙体呈现出了大写意的造型，龙首最高处达七十一米。全馆总面积逾两万平方米，馆体穹顶最高处达三十六米，这在国内旅游建筑史上是绝无仅有的。中华恐龙馆以其宏大的气势和别具一格的建筑语言成了常州旅游的标志性建筑。中华恐龙馆共分展示、游乐、科研三大功能区，馆内陈列有永川龙、马门溪龙、山东龙、巴刻龙、霸王龙等三十六架各个地质年代的恐龙化石骨架，其中中华龙鸟化石以其珍贵的学术研究价值已成为恐龙馆的镇馆之宝。各展示厅互相关联，运用高科技声、光、电，以及影视成像、卡通动画、网络游戏、科技制作等手段，突破传统的“博物”观念。中华恐龙馆以生物演变史为背景，重点突出恐龙从生存、繁衍、演化直至毁灭的发展历程，揭示出人类必须保护生态、保护环境这一生态主题。馆区别具匠心地运用瀑布、山岩、海洋、丛林、洞窟等仿真手段，再现古地质年代特有的生存环境，由此构筑各展厅独特的艺术氛围。围绕恐龙馆设有恐龙山探险、高空滑索、高空弹射、夏日雪橇、龙海探秘、模拟攀岩、情侣单车以及水上自行车等数十个刺激、动感的游乐活动。此外，模仿美国好莱坞影城侏罗纪公园的“穿越侏罗纪”和六维立体动感电影“恐龙毁灭”等，使全园成为集博物、科普、观赏、游乐、动感参与为一体的现代新型恐龙博物馆，也被誉为“东方侏罗纪”，成为常州对外交流的一张闪亮的城市名片。

蓖箕巷

蓖箕巷位于常州城西、古运河北岸的西自街，是古毗陵驿所在地。每年夏至时这里的人兼售宫花、梳蓖，当初叫“花市街”，后来改称“蓖箕巷”。常州自古以来就一直以制作蓖箕和木梳而闻名，至少有两千年的历史。常州梳篦选材精良，工艺讲究，深得人们喜爱，赢得了“常州梳篦甲天下”和“宫梳名篦”之盛誉，史书中就有“梳篦世家延陵地”的记载。蓖箕巷口有一个高大牌坊，上书三个红色大字“大码头”，顾名思义这里原来就是大码头所在地。从明朝正德十四年(1519)起，毗陵驿即设于此巷，此驿站是专供传递公文的差役和官员途经此地时停船休息或换马住宿的。可以想象当年很多梳篦贸易也出自此巷。巷内现在主要景点有文亨桥、文亨阁，每当皓月当空，清辉四溢，俯视桥下，倒映在水中的月亮似穿桥而去，所以“文亨穿月”就是常州“西郊八景”之一。另外，还有“篦梁灯火”双檐牌楼。“篦梁灯火”是常州古时“西郊八景”之一。相传在明代，常州西门和南门一带几乎家家户户世代从事梳篦生产，从业者成千上万。当时古巷的店面都是骑楼式建筑，挑梁伸出巷道，梁下挂着一盏宫灯，落日西斜时家家户户灯光闪耀，灯火常常彻夜不灭。当晶莹闪闪的灯影倒映在运河水里，与岸边船上的灯火交相辉映，宛如金色游龙，形成一片迷人的景象。常州因蓖箕名扬海内外，蓖箕巷也就理所当然地成为常州市的标志性景点之一，站在怀德桥上看到她古朴的美，似乎在瞬间穿越到清宫戏之中。这里也是小说《红楼梦》第一百二十回贾政与宝玉最后见面处。蓖箕巷是集古迹、风光、都市为一体的旅游胜地。

龙城小吃

常州又称“龙城”。受地理位置和历史发展影响，常州小吃一定程度上与苏州、无锡和镇江小吃比较接近，但比它们都更加平民化、大众化一些。口味咸甜适中，口感软硬兼有，比较注重芝麻的调味作用，比如有形似火铳的芝麻糖、色泽白亮的芝麻糕、香脆酥松的蟹壳黄、龙城风味的大麻糕等。万华楼的加蟹小笼包每年在桂花盛开之际上市供应，至今已有一百四十多年的历史。常州的银丝面素有色白如银、面细如丝、柔软滑爽、下锅不糊的特点，成为《中国小吃谱》的收集品种之一。用精树叶挤汁泡米浸黑后做成的“乌饭”也是这一带人四五月份常吃的特色小食，乌饭加一点白糖，又香又糯，十分可口。此外，这里的马蹄酥、义隆素菜馆的素火腿、酒酿元宵、三鲜馄饨和虾饼（又称铜鼓饼）也较有名，其中最出名的则要数红梅牌的萝卜干，色泽黄中有红，咸中微甜，香脆不辣，十分可口，是下酒小菜，也是开胃小食，在国内的知名度很高。

苏州篇

苏州滨江近海，北枕长江，与南通隔江相望；西抱太湖，背靠无锡，与常州隔湖相望；东临上海；南接浙江嘉兴，是长江金三角的中心地带。举世闻名的京杭大运河纵贯南北，大小湖泊三百多个，河道两万多条，全市水域面积约占总面积的百分之四十三，这在中国乃至世界都是不多见的，被称为“东方威尼斯”。苏州是一座拥有两千五百多年悠久历史和四千多年文字记载史的古城，丰厚的历史文化积淀造就了“小桥、流水、人家”的独特风貌和“园林之城”的美誉。古朴的街市，悠长的水巷，蜿蜒流淌的小河，清澈明净的水光桥影，以及“轿从门前进，船自家中过”的水乡风情是苏州水乡古镇的真实写照。来到苏州，可以游天平山，玩太湖水，登古城门，赏古园林。可以漫步千年古镇，探寻吴地遗韵；可以吟颂千古绝唱，红楼人物……从古宫陈迹到幽巷老宅，从会馆牌坊到名人故居，天堂苏州处处是岁月的流痕、文化的积淀。从吴侬软语到姑苏小吃，这里的“山、水、城、林、园、镇、人”几乎融为一体，相生相长。苏州的古色古香是有底蕴的，苏州的古寺、古塔、古桥等古典建筑也具有极高的历史地位和研究价值。可以说，苏州是一座历经千年而保存完好的巨大的“历史、文化、艺术、建筑博物馆”。苏州现有两个历史文化名城，十个中国历史文化名镇，两个历史文化名村和两个历史文化名街。占尽天时、地利、人和之优势，是座名符其实的“人间天堂”。

拙政园

拙政园位于苏州古城平江区东北街，是一座十五世纪初的古典园林，具有浓郁的江南水乡特色。经过几百年的沧桑变迁，至今仍保持着平淡疏朗的明代风格，是中国私家园林中面积较大的一座。它始建于明正德四年(1509)，时任监察御史的王献臣是该园的第一任主人。拙政园的园名取自晋代潘岳之《闲居赋》中的“拙者之为政”，四百多年园林几易其主，但拙政园的整体格局仍保持了明代风格，充分体现中国古典园林中所包含的东方哲学和审美思想。全园以池为中心，借假山障眼形成屏风，其间穿插亭轩楼阁，整体风格平淡而不失机巧，朴素而不失惊艳。有人说“池广林茂”是拙政园的园林景观特点。全园由东、中、西三个部分组成，总体布局特点东疏西密，绿水环绕，水是全园的纽带和灵魂。东园为园林的总入口，先见一片草地并不起眼，但随着深入渐入佳境。中园为全园精华所在。拙政园景点包括：兰雪堂、芙蓉榭、秫香馆、放眼亭、远香堂、小沧浪、留听阁、浮翠阁、涵清亭、天泉亭、见山楼、玉兰堂、香洲、荷风四面亭、听雨轩等，轩、馆、亭、阁各有异趣，绝无重复。其中又以远香堂为精华中的精华，它是中部的主体建筑，面水而筑，面阔三间，堂因荷得名，故是夏曰赏荷的佳处。西园则以池水为中心，回廊曲折其上，无限的幽雅在蜿蜒之中伸展。盆景园与雅石斋是镶嵌在拙政园中的两颗璀璨的明珠。整个园林建筑仿佛浮于水面，加上木映花承，在不同时令中产生出不同的艺术情趣，营造出面面有诗、处处留情的氛围。苏州素有“园林之城”的美誉，至今保存完好的园林有数十余处，分别代表了中国宋、元、明、清的园林风格，是苏州独特的旅游资源。首屈一指当属拙政园，它是中国四大园林之首，被誉为“中国园林之母”。

留园

留园在苏州阊门外留园路，是大型古典私家园林，属清代风格并存有明代园林气息。园以建筑艺术精湛、奇石众多著称。厅堂宽敞华丽，庭院富有变化，太湖石以冠云峰为最，有“不出城郭而获山林之趣”。这里原是明嘉靖年间太仆寺少卿徐泰时的东园，园中假山为叠石名家周秉忠所作。清咸丰年间，苏州诸园颇多毁损，而此园独存，故名“留园”。还有一说是取清同治时园主刘恕姓氏的谐音得名。全园以曲廊相连，迂回连绵达七百余米，通幽度壑，秀色迭出，建筑数量居苏州园林之冠。留园的建筑综合运用了江南造园艺术，以建筑结构见长，善于运用大小、曲直、明暗、高低、收放等变化组合景观，高下布置恰到好处，营造了一组组层次丰富、错落有致，有节奏、有色彩、有对比的空间体系。留园占地三十余亩，集住宅、祠堂、家庵、园林于一身。全园用建筑来划分空间，可分中、东、西、北四个景区：中部以山水见长，是全园精华所在，池水明洁清幽，峰峦环抱，古木参天，池西假山上的闻木樨香轩为俯视全园景色最佳处；东部以建筑为主，有著名的佳晴喜雨快雪之厅、林泉耆硕之馆、还我读书处、冠云台、冠云楼和冠云峰等，重檐叠楼，曲院回廊，疏密相宜，奇峰秀石，引人入胜；西部环境僻静，富有山林野趣；北部竹篱小屋，颇有乡村田园风味。一个不大的园林集合了山水、田园、山林、庭院四种不同风格的景致，折射出中国文化中取法自然而又超越自然的深邃意境。留园有三绝：之一是太湖中的绝品、园中三座假山的最高峰冠云峰;之二是用材奢华讲究的五峰仙馆,俗称“楠木殿”;之三是大理石天然画,“雨过天晴图”,鬼斧神工的山水画从大理完好无损地运到江南苏州,可见园中主人财富和身分的显赫。如今,留园与拙政园同列中国四大园林,均被列为世界文化遗产。

狮子林

狮子林位于苏州市城区东北角的园林路，开放面积约十四亩。狮子林作为苏州古典园林的代表之一建于元朝，为苏州四大古典园林之一。狮子林的第一个特色是这里既有苏州古典园林亭台楼阁的人文景观，更以湖山奇石、洞壑深邃而盛名于世，拥有国内尚存最大的古代假山群。湖石假山出神入化，被誉为“假山王国”，是中国古典园林中堆山最曲折、最复杂的实例之一。假山群气势磅礴，以“适、漏、瘦、皱”的太湖石堆叠的假山玲珑俊秀，洞壑盘旋，像一座曲折迷离的大迷宫。园中最高峰为狮子峰，另有含晖、吐月等名峰，建筑有立雪堂、卧云室、指柏轩、问梅阁等。狮子林的第二个特色是宗教色彩浓厚。这里原为普提正宗寺的后花园，公元 1342 年为纪念曾来此讲学的高僧天如禅师，弟子们买地置屋为其建禅林，由于园中有许多竹林，而竹丛之中又有许多怪石，形状像形态各异的狮子，故名“狮子林”，同时也兼有佛徒师承关系“师子”之意的谐音。园内建有冰壶进、玉鉴池、小飞虹等建筑。园建成后，当时许多诗人画家来此参禅，所作诗画列入“狮子林纪胜集”。清乾隆帝曾五次游览狮子林，不仅留下大量题字，还在北京皇家园林即颐和园长春园东北角仿建狮子林，在承德避暑山庄的东部也建有以假山为主的狮子林。可见，狮子林备受皇家的青睐，而且深刻地影响了皇家园林的布局。由于林园几经兴衰变化，1917 年贝聿铭的叔公贝润生购得狮子林，加以重新整修，所以这里的寺、园、宅分而又合，传统造园手法与佛教思想融合，同时贝氏家族把西洋造园方式和家祠引入园中，使这里成为融禅宗、园林和西洋风格为一体的寺庙园林。

沧浪亭

沧浪亭位于苏州市内三元坊附近，在苏州现存诸园中历史最为悠久。沧浪亭最早是五代吴越国钱氏广陵王的池馆，后来宋代著名诗人买下废园进行修筑，傍水造亭、植树造林，因此造园风格以宋代的清幽古朴见长。沧浪亭融园内的假山与园外的池水于一体，在假山与池水之间隔一条复廊，廊壁开有花窗，透过漏景沟通内山外水。据说全园有一百零八种花窗样式，图案花纹变化多端，构作精巧，是苏州园林花窗的典型代表。沧浪亭面积约十七亩，是写意山水园的范例。园外山上古木参天，林中有沧浪亭，它隐藏在山顶上高踞丘岭，飞檐凌空。亭的结构古雅，与整个园林气氛相协调。亭上石额“沧浪亭”为清末书法家俞樾所书。其他的如面水轩、观鱼处、明道堂、清香馆、五百名贤祠等建在山的四周，高低起伏，颇有山林气象。池水萦回，古亭翼然，轩榭复廊，古树名木，内外浑然一体，在苏州众多园林中独树一帜。沧浪亭最大的主体建筑是假山东南部面阔三间的“明道堂”，过去为明、清两代文人讲学之地。园中西南的假山石洞名“印心石屋”。山上有小楼名“看山楼”，登楼可览远近苏州风光，此外，还有仰止亭和御碑亭等建筑与之相映衬。另有石刻三十四处。沧浪亭与狮子林、拙政园和留园并称作苏州宋、元、明、清四大园林，它们的造园手法反映了不同时期中国文化、思想、艺术境界和价值取向的差异。

网师园

网师园，地处苏州古城东南隅阔家头巷、友谊路南侧，被誉为苏州园林之“小园极则”，堪称中国园林以少胜多的典范，是江南中小型园林的代表作。这里原是南宋侍郎史正志退居姑苏时所建的私家园林，清代更名“网师园”。全园占地虽不及拙政园的六分之一，但小中见大，布局严谨，主次分明又富于变化。园内有园，景中有景，精巧幽深。网师园是古代苏州世家宅园相连布局的典型，东宅西园，有序结合。即以池水为中心，由东部住宅区、南部宴乐区、中部环池区、西部内园殿春簃和北部书房区等五部分组成。网师园的石材很有讲究，石质分区使用，主园池区用黄石，其他庭园用湖石，不相混杂。万卷堂是园主宴席接待的主要场所，这里的砖雕门楼享誉海内外，虽历经三百年仍完好无损、精美绝伦，砖雕门楼有“江南第一门楼”的美称，门楼东西两侧是黛瓦盖顶的风火墙，造型轻巧别致。门楼全用水磨青砖精制而成，既是屋顶支撑物，又是门楼的装饰物。整座门楼用凿子和刨子在青砖上运用平雕、浮雕、镂雕、透空雕等艺术手法雕凿而成。全园布局外形整齐均衡，内部又因景划区，境界各异。园中部山水景物区，名曰“网师小筑”，突出以水为中心的主题。水面聚而不分，池西北石板曲桥，低矮贴水，东南引静桥微微拱露。环池一周叠筑黄石假山高下参差，曲折多变，使池面有水广波延和源头不尽之意。园内建筑以造型秀丽、精致小巧见长，尤其是池周的亭阁，有小、低、透的特点。作为宅园两用的江南园林，网师园是世界文化遗产，还是世界了解和认识中国园林的窗口。1980 年，美国纽约大都会博物馆以殿春簃园为原形建筑了中国式庭院“明轩”，次年作为中国古典园林走向世界的首例蓝本在纽约大都会艺术博物馆落户。

虎丘景区

虎丘位于苏州古城西北，又名“海涌山”，海拔约三十四米，占地约二十公顷，山体为距今一亿五千万年的中生代侏罗纪时代喷发的岩浆凝结而成的流纹岩。苏州是春秋时期吴国的首都，传说吴王阖闾死后就葬于虎丘，因下葬三日后，见有白虎蹲在墓地之上，于是得名“虎丘”。虎丘四面环水，风景奇幽，已有二千四百多年历史，素有“吴中第一名胜”的美誉。景点包含有头山门、断梁殿、憨憨泉、云岩寺塔、冷香阁、第三泉、剑池、千人石、可中亭、白莲池、拥翠山庄、小武当、西溪环翠、揽月榭、五十三参、云在茶香、试剑石、万景山庄、孙武子亭、通幽轩、虎丘仙人洞、虎丘摩崖、石刻养鹤涧、真娘墓、致爽阁等，号称三绝九宜十八景之胜。每处都有引人入胜的历史传说和神话故事，最为著名的虎丘塔又叫“云岩寺塔”，是驰名中外的宋代古塔。塔身高近四十八米，外形七级八面，内外两层方柱斗拱，砖身木檐，是十世纪长江流域砖塔的代表作。其风格与同时期杭州的雷峰塔相似，被誉为“江南二古塔”。同时也是世界第二大斜塔。由于地基原因，塔身于四百年前开始向西北方向倾斜，现在斜度为二点四八度。因它古朴雄奇，早已成为古老苏州的象征。虎丘还有个神秘的地方，就是剑池。剑池是吴王阖闾埋葬之地，据说入葬时把其生前喜爱的多把宝剑作为殉葬品埋入池中，故名“剑池”。由于目前没有开发，因此究竟埋了些什么仍是千古之谜。虎丘西麓的万景山庄是苏派盆景的汇聚之地，借山光塔影，恬美如画。此外，山上的摩崖题刻也不计其数。后山植被茂密，每年秋天万千苍鹭绕塔盘旋，蔚为壮观。虎丘过去和现在均是苏州民间集会的重要场所，每年春季都举办艺术花会，展出大批名贵花卉；秋季举办民俗风情浓郁的民俗庙会，展演南北交融的民俗节目，深受游客喜爱。一千多年前宋代文豪苏东坡就曾说过："到苏州而不游虎丘乃是憾事。"如今，随着东南面山塘街的推陈出新，虎丘风景区通过水道与其相联，使两个景区交相辉映，相得益彰。

山塘街

山塘街位于古城苏州的西北部，东连阊门，西接虎丘。全长三千六百米，因此被称做“七里山塘”。有民歌唱道：“上有天堂，下有苏杭。杭州有西湖，苏州有山塘。”乾隆年间画家徐扬的《盛世滋生图》生动再现了当时苏州的繁荣景象。此图重点描绘了一城、一村、一镇、一街，其中的“一街”正是山塘街。山塘街始建于公元825年，距今已有千余年的历史。唐朝宝历元年(825)大诗人白居易来苏州担任刺史，他组织民工疏通山塘河并顺势拓展了河堤，供车马往来驱驰。自此，兼具交通商业双重功能的山塘街就横亘在市区和虎丘之间了。苏州人民为了感谢这位为民造福的大诗人，又将山塘街称为“白公堤”。山塘街自建成以来便以其秀丽的水乡风光成为旅游胜地。整个街道呈河路并行的格局，两岸建筑精致典雅、粉墙黛瓦、体量协调、疏朗有致，是苏州古城风貌精华之所在。在明清时期山塘街就是我国商贸、文化最为发达的地区之一，被誉为“神州第一古街”。同时这里也是我国名胜古迹最密集、门类最多的街区。作为苏州古迹最多的街区，目前这里拥有全国重点文物保护单位一处、省级文物保护单位两处、市级文物保护单位五处。2004年修复一新的山塘历史文化保护区正式开放，以崭新的面貌出现在世人的面前。目前的山塘景区包括以下几个景点：山塘老街、玉涵堂、苏州百年商会博物馆、绍兴会馆、古戏台、安泰救火会、通贵桥等。其中玉涵堂即明代礼部、吏部尚书吴一鹏故居，是目前苏州城外规模最大、保存最完好的古建筑群。修复后的山塘街集苏州古城自然与人文景观精粹之所在，堪称“老苏州的缩影，吴文化的窗口”，是中国历史文化名街之一。由于河街相邻，所以水上游是这里旅游观光的一大特色，在山塘河上泛舟览胜，可分别通达虎丘和阊门景区，一方面可在水中欣赏到虎丘塔的俊美，另一方面徜徉小桥流水人家，可充分领略苏州以水为魂的意境。

天平山风景区

天平山风景名胜区在苏州的西南，太湖之滨，是国家太湖风景名胜区木渎景区的核心景点。北宋时期范仲淹将其高祖葬于山麓，宋仁宗把天平山赐给范仲淹为家山，称“赐山”，又称“范坟山”，范仲淹纪念馆便坐落其中。历史上白居易、范仲淹、唐伯虎、康熙皇帝、乾隆皇帝等均在此留下了许多的遗迹和传说。天平山位于苏州市城西十五千米处的木渎镇，海拔二百零一米，是苏州西南诸山中最为高峻的一座山峰，山顶平如刀削，视野千里，故名“天平山”。又因山上白云缭绕，人称“白云山”。全山上下分为上白云、中白云、下白云三段。天平山以枫、泉、石著称，并称“三绝”。山上奇石纵横错落，皆危耸向上，似古代大臣朝见皇上时手捧的朝笏，故称此景观为“万笏朝天”。清泉出自岩石，故称“白云泉”，泉水由竹筒引入云泉精舍石壁下的钵中，又名钵盂泉，味极甘冽，唐代茶圣陆羽品评为“吴中第一水”。天平山南麓古枫参天，其中红枫为范仲淹十七世孙范允临从福建移来，尚存一百七十六株，迄今已有四百多年历史。深秋时节，白云红叶，灿烂如霞，瑰丽夺目，又称“万丈红区”，有“天平红枫甲天下”之称，为全国三大观枫点之一。此外，这里也是观太湖的好地方，山顶有望湖台，上有一圆石面向太湖，名“照湖镜”。于此俯览群山，远眺太湖，令人心旷神怡。天平山是人文景观和自然景观都十分丰富的景区。

枫桥风景区

枫桥风景区位于苏州城西三千五百米处，枫桥景区历史悠久，隋唐以来由古运河孕育出繁荣的枫桥古镇；始建于梁代的寒山寺香火延续至今；唐代张继的一首《枫桥夜泊》描写出这里空灵而宽广的意境；明代抗击倭寇留下遗迹铁铃关成为苏州西大门的一道屏障。因此，这里的古运河、枫桥古镇、寒山古寺、江枫古桥和铁铃古关，“五古”构成了景区的五大特色。枫桥镇上的寒山寺创建于梁代天监年间，初名“妙利普明寺院”，相传唐贞观年间寒山子曾在此当住持，遂改名“寒山寺”。唐朝诗人张继当年途经寒山寺，满怀旅愁，触景生情写下了《枫桥夜泊》诗：“月落乌啼霜满天，江枫渔火对愁眠；姑苏城外寒山寺，夜半钟声到客船。”从此，诗韵钟声脍炙人口，同时寺以诗名传播中外。穿过枫桥古镇的石板路小巷，或是站在枫桥桥头，抬眼即可见碧瓦黄墙的寒山寺坐落在绿树丛中，院内青松翠柏，曲径通幽。寒山寺的主要景点有大雄宝殿、藏经楼、钟楼、碑文《枫桥夜泊》、枫江第一楼。寒山寺内佛像雕塑别具一格，碑刻艺术天下闻名。碑廊陈列着历代名人岳飞、唐伯虎、董其昌、康有为等人的诗碑，其中当推晚清俞樾书张继诗碑最为著名。同时，这里也是每年新年民间撞钟祈福的最佳去处。景区近年恢复了唐灯、明清街坊、江枫草堂、惊鸿渡等旧观。增添了古戏台、渔隐村、听钟桥等民俗建筑。“漕运展示馆”利用先进的光影技术以及四十多只船模和图文，介绍和展示了漕运历史文化。

“苏艺名人坊”聚集了苏州十几位民间艺术大师，展示其作品并表演技艺。枫桥景区以红枫等百余种树木营造出富有诗意的自然风光，配合规模较大、历史遗迹众多、吴地风味浓郁、文化内涵丰富、观赏趣味性较强等特征，是游客解读苏州的最佳选择之一。

玄妙观

玄妙观位于苏州城商业中心区的观前街上。一个有趣的现象是，苏州香火最盛的地方并非佛教寺庙，而是这个道教的玄妙观。玄妙观初建于西晋咸宁二年(276)，据说这里曾是吴王阖闾的故宫，至今已有一千七百余年的历史。观内现存有较为完整的殿阁，北有三清殿，南有正山门，西有财神殿和雷尊殿，东有寿星殿、观音殿和文昌殿。多数建筑为清代重建，其中部分殿宇为近年修葺。观内的碑刻有数十种，上起宋代，下迄清末，记载了玄妙观的沿革变迁。玄妙观三清殿为木构古建筑，它既是宋代官式建筑的代表，也是江南最大的木构古建筑，是研究宋代南、北建筑差异的重要例证，被誉为建筑史上的经典之作。殿内供奉的高达十七米的三清(上清、玉清、太清)塑像堪称宋代雕塑的上佳之作。玄妙观中现存有唐吴道子画老君像、唐玄宗题赞、颜真卿书法、由宋代刻石高手张允迪摹刻，可称“四绝碑”，也是目前仅存的两块老子像碑之一，弥足珍贵。此外，这里的“妙一统元”匾额、朝北玄帝铜殿，运木古井、钉钉石栏杆、一步三条桥和无字碑等，旧有十八景之说，如今还保存九处，每一处均有动人的民间传说，均值得驻足了解。据说玄妙观极盛时有殿宇三十余座，曾经是当时全国最大的道观。后来姑苏第一街因地处玄妙观前而得名“观前街”，如今这里不仅是苏州的必游之地，也是苏州人休闲娱乐的主要去处。

木渎古镇

木渎古镇位于苏州西郊灵岩山麓，依山而筑，傍水而居，在苏州城西南十五千米处，有“吴中第一镇”之称，也是中国唯一的园林古镇，木渎景区更是名列太湖风景区十三个景区之首。木渎是与苏州城同龄的水乡古镇，作为沟通苏州城和浩森太湖的交通枢纽，木渎是名副其实的太湖门户，因而在明清时期，木渎即是苏州城西最繁华的商埠。木渎四周群山拱峙，又毗邻太湖，既得真山真水之趣又具小桥流水之幽，更有私家园林、名人故居等众多的人文古迹。木渎在明清时有私家园林三十多处，迄今仍保留了十余处。这些私家园林既秉承了苏州园林的精致幽深，又充满了空旷高远、山林野趣的个性。木渎古镇的格局和风貌历经千年未变，依然是苏州西面最大的商埠、姑苏第一水镇。镇上古宅庭院深深，小桥流水悠悠。其中胥江为伍子胥所建，是我国第一条人工运河。而香溪则因西施在此洗妆满河生香而得名。木渎的每一条河、每一座桥都有一个古老美丽的传说，具有极高的观赏和游览价值。两千五百多年的悠久历史孕育了木渎灿烂的文化，自古以来，木渎人文荟萃，人才辈出。自北宋至清末共出进士二十五人、举人三十余人。其中状元两名，榜眼一名。著名人物有：北宋政治家、文学家范仲淹，清代著名诗人、诗选家沈德潜，清末启蒙思想家、政论家冯桂芬，以及近现代的刺绣皇后沈寿，台湾政要严家淦等等。古镇旧有十景，今存斜桥分水、虹桥晚照、下沙落雁、姜潭渔火、西津望月、灵岩晚钟、南山晴雪等。目前已修复严家花园、虹饮山房、灵岩山馆、古松园、榜眼府第、盘隐草堂等园林景点。清人徐扬的《盛世滋生图》所画的一镇即是木渎镇，占了全卷的二分之一篇幅。康熙三次南巡、乾隆六下江南，每次均偏爱木渎，可见此处集山水之灵气、成园林之翘楚。

周庄古镇

周庄位于昆山市境内西南三十三千米，与吴江、吴县、上海市青浦县交界，这里四面环水，是一个名副其实的“岛中之镇”。“镇为泽国，四面环水”，这是对周庄水乡小桥、流水、人家的景致描述。镇内小河呈“井”字状纵横交错，临河形成街市。古桥和古宅是周庄最大的特色，也是这里最值得骄傲的遗产。在周庄的近千户民居中，明清和民国时期的建筑占百分之六十以上，有近百座古宅院第和六十多座砖雕门楼，还有一些过街骑楼和水墙门，这在江南水乡堪称典型。另外，窄直的河道上横卧着二十四座石桥，其中元代至清朝的古桥十余座。建于元代的富安桥，四端各有一座飞檐垂角、装饰富丽的楼阁，是目前江南仅存的立体型桥楼建筑。建于明万历年间的双桥，由两座石拱桥相连而成，十分独特。这里的主要景点有：沈万三故居、玉燕堂、怪楼、全福讲寺等。沈厅和张厅为明代中山王徐达和徐孟清所建，前后五进，謦径河穿屋而过，有“轿从门前进，船自家中过”的独特建筑风格。古镇街道两旁的居民楼仅一跨之隔，有“依楼可谈情”之趣。古时这里有“周庄八景”，即全福晓钟、指归春望、永庆庵、蚬江渔唱、南湖秋月、庄田落雁、急水扬帆、东庄积雪等。如今有的陈迹依旧，有的影踪难觅。周庄人文荟萃，历史上曾出过进士、举人二十余人，有的官至太尉。此外，这里还能体会到打田财、摇快船和阿婆茶的风土民俗。这里的美因二十世纪八九十年代陈逸飞的画作而蜚声海外，周庄被海外报刊评为

“中国第一水乡”，同时它也是“中国十大历史文化名镇”之一。2001 年亚太经合组织贸易部长非正式会议在此召开，为这里再添一处胜境，即 APEC 会议船舫，又名周庄舫。它像镶嵌在古镇湖畔的碧玉，向世界展示其迷人的风采。

同里古镇

同里古镇位于周庄西面十千米处，距苏州城十八千米。古镇外四面环水，被同里、九里、叶泽、南星、庞山五湖所环绕。建筑依水而立，有“东方小威尼斯”之称。主要特色是水多、桥多、明清建筑多、名人雅士多，是苏州“小桥、流水、人家”的杰出代表，也是目前江苏省保存最为完整的水乡古镇之一。同里古镇中明清建筑占了三分之一，使得这座依水而建的古镇有着园林般典雅秀丽的气质。主要景点可概括为一园、二堂和三桥，“一园”，即退思园。退思园仅占地九亩八分，既简朴无华又素净淡雅，具有晚清江南园林建筑风格。园内布局独特，亭、台、楼、阁，廊、坊、桥、榭，厅、堂、房、轩一应俱全，并以池为中心，诸建筑如浮水上。退思园中遍植丛桂，金秋时节馥郁芬芳。风清月明夜于园中楼阁品茗赏花，令人心怡神往，更给人“人行空翠中，秋闻十里香”的享受。目前它已同苏州园林一起被列入世界文化遗产。“二堂”是指崇本堂和嘉荫堂。它们最吸引人的是门窗梁栋皆雕刻精美。“三桥”即太平桥、吉利桥和长庆桥。三桥是同里桥中之宝，分别建于明、清两代，呈“品”字形，跨于三河交汇处，自然形成环行街道。沿河青石驳岸，岸边和欢、女贞树临波倒映，两岸筑有花石栏。河中船来船去，桥上人来人往，是江南六大著名水乡之一，也是江苏最早并唯一将全镇作为文物保护的单位，同时还是国家太湖风景区的景点之一。它以“醇正水乡，旧时江南”闻名于海内外。古镇原有“前八景”、“后八景”、“续四景”等二十多处自然景观，今尚存东溪望月、南市晓烟、北上春眺、水村渔笛和长山岚翠等。此外，值得一提的是同里古镇上有一家中华性文化博物馆，馆名由费孝通先生题写，并号称“五千年来第一展”。这个馆与退思园一墙之隔，是原丽则女校旧址，环境幽雅，景色宜人。

甪直古镇

甪直隶属苏州市吴中区，西距苏州城区十八千米，东距上海五十八千米。甪直古名甫里，是太湖流域保存完好的水乡古镇，镇外湖、荡、潭、池星罗棋布。它北枕吴淞江，南抱澄湖；镇内地势平坦，河网交织，土地肥沃，素有“五湖之汀”（澄湖、万千湖、金鸡湖、独墅湖、阳澄湖）和“六泽之冲”（吴淞江、清水江、南塘江、界浦江、东塘江、大直江）之称，是典型的江南水乡。甪直与苏州古城同龄，具有两千五百多年的悠久历史，文化底蕴深厚，名胜古迹众多。其古迹中又以古桥、古街、古民宅为主。沈柏寒宅与萧芳芳宅是古镇建筑的典型代表，保圣寺和古银杏树是甪直古镇千年历史的见证者。作为这个历史文化名镇古老的标志，镇上共有银杏七棵，最大的树龄有一千三百年。此外镇上还有白莲花寺、孙纪墓、吴王宫、叶圣陶纪念馆、万盛米行、吴东水乡妇女服饰馆、王韬纪念馆、萧芳芳影视艺术馆等景点。甪直聚水为镇，流水与桥梁交相辉映，自古以来就是桥梁之乡。总长五千六百米的河道上鼎盛时有宋、元、明、清各式古桥“七十二座半”，现存四十一座。这些桥大小、形式、风格各异，反映了自宋代以来的建桥工艺，古镇可谓是一座桥梁博物馆，素有江南“桥都”的美誉。甪直的水乡妇女服饰历史悠久，世代相传，是水乡妇女千百年来根据生活和生产的需要，逐步形成独特的审美情趣并日臻完美。它给人的印象是鲜艳悦目而不刺眼，色彩和谐而不单调，棱角分明，飘逸洒脱，故有“苏州少数民族”之美称。角直是一个具有浓厚水乡风情的古镇，乃江南六个著名古镇之一，同时也是中国民间文化艺术之乡。这里现有主街道九条，街道两旁店铺林立，街面都以卵石及花岗石铺成。街坊临河而筑，前街后河，人在桥上走，船在水中行。所谓“水巷小桥多，人家尽枕河”，正是对角直古镇的真实写照，不愧“神州水乡第一镇”的称号。

千灯古镇

古镇千灯位于昆山市区东南方向十五千米。在江苏众多的历史文化名城中，千灯是为数不多的至今还保留石板路面的古镇之一。千灯镇的石板街南北贯穿古镇，并连接各支路，呈“蜈蚣”形。全长一千五百米，主干街道长八百米，由两千零七十二块长条形花岗岩铺设而成。石板下面铺设有既宽又深的下水道，与古镇各处的河埠、河滩相连通。因此，即使大雨滂沱，石板街上从不积水，转晴即干，让古建筑专家惊叹不已。千灯的古河埠约有两百多个，它的构筑真可谓千姿百态。镇中心有宽大的公有码头，专供大船装卸货物。除此以外，还有特色河埠和大量的独家河滩。有的缩在石驳岸内呈凹式河滩；有的设在楼下，在石框内装木栅门或水榭门封闭。这些河埠与古镇贸易和居民的生活关系密切，是千年古镇繁荣昌盛的见证。千灯古镇素有“金千灯”之称，历史上这个名字与灯没有太多联系，可聪明的千灯人想到，既然叫做“千灯”自然就要做些与灯有关的事。为此，古镇近年建设了一个集灯之大成的灯艺术馆，开发灯艺术品，将相思长廊和千灯铺用灯来点缀，在三里石板街悬挂各色花灯，在古镇区勾勒出千灯齐明、万家灯火的场景。千灯古镇最值得看的还有“土建金字塔之称”的少卿山、一线天及明清古石桥、延福禅寺和余氏典当。秦峰塔建于南朝梁天监二年(503)，系砖木结构，原分七级，高 38.7 米，作为千灯镇的镇标，还未进镇，老远就可以看到古塔直指云天。因塔身修长，故又有“美人塔"之誉。在秦峰塔下的玉佛殿中,躺着一尊来自缅甸的号称世界第一大的玉卧佛。这尊玉卧佛长 8.9 米,高 2.45 米,重约有三十吨,镶嵌有一千五百多颗红宝石、蓝宝石和翡翠,莲花座和衣纹用纯金镏金而成。整座佛像华贵端庄,具有很高的艺术价值。这座玉卧佛由于体积空前巨大,已经被载入世界吉尼斯纪录大全。千灯古镇还是明末清初杰出的思想家、文学家、爱国学者顾炎武的故乡,其名言"天下兴亡,匹夫有责"激励了无数的仁人志士。顾氏南宅"贻安堂"现存五进明清建筑,雕梁画栋、砖刻门楼一个都不少,具有极高的艺术价值。此外,这里还是昆曲的发源地,所以留有昆曲创始人顾坚的故居和纪念馆。

虞山尚湖风景区

虞山尚湖风景区位于苏州常熟市区西北部，由虞山景区和尚湖景区两部分组成，是国家级太湖风景名胜区的重要组成部分，同时，虞山与尚湖分别是国家首批森林公园和城市湿地公园。虞山海拔二百六十三米，分辛峰、兴福、剑门、宝岩、三峰等游览区。有四亿多年的地质形成，三千五百多年的历史积淀，常熟的人文积淀大部分能在虞山上寻根溯源，仲雍墓、言子墓、虞山画派、虞山诗派、虞山琴派、虞山印派以及历代涌现的状元、宰相、进士等，都同虞山有着很深的渊源。虞山，既有江南山川浑厚柔美的共性，又有石骨嶙峋险峻伟岸的大山之势，有山入城中、城依山建之妙，具有“山城一体”的独特风韵。景区中山野风光、名胜建筑各得其所、各尽其妙。尚湖傍虞山，位于常熟虞山镇以南约五千米处，传说殷商末年姜子牙在此垂钓，因其名尚而得名。现有水域面积一万二千亩，与虞山连成一片。这里有两亿年的地质形成史，水质在苏州所有湖中是最好的。景区内主要由荷香洲、钓鱼渚、鸣禽洲、桃花岛等七个洲岛，以及堪称“江南之最”的牡丹园等景点组成。“虞山九景”中的湖甸烟雨、湖桥串月就在这里。其中尤以“荷香洲公园”最为著名，景观的特点是“湖中有岛，岛中有湖”。以水为景，以绿为主，突出一个“秀”字，充分展现出自然风光之美。同时，这里的自然美色还与人文景观互为补充，姜尚养身休闲文化、牡丹自然和谐文化、钱谦益柳如是诗意文化、三千三百年的常熟城镇民生文化以及尚湖水街都是观景寄情的几大看点。这里，游览观光与娱乐休闲二者兼得，既有迷人的水上风光，又有水上高尔夫运动、野外拓展运动、湖畔野炊等娱乐项目。虞山尚湖风景区内山水相映、水山相绕。山为秀木拥翠、名胜遍野之山，湖为烟波浩淼、鸟鸥翻飞之湖。风景旖旎，相互依存，气象开阔，内涵深厚。游人可在此赏湖水清澈，碧波荡漾，芦荡隐浮，鸥鸟飞翔，享返璞归真、天人合一之境界。寄情于山水之间，所以汪道涵誉有“天下常熟、世上湖山”之说。

昆山亭林园

亭林园位于昆山城内西北隅，园中玉峰山形似马鞍，又称“马鞍山”，1906年始辟为马鞍山公园。因清末大思想家顾炎武出生于昆山，号亭林，1936年为纪念他将此园改名“亭林公园”，2000年更名“亭林园”。亭林园百里平畴，一峰独秀，绿水青山，秀色相映，古有“东南第一山”之称。玉峰胜迹悠远丰厚，古有七十二景之多。这里的梁代慧聚寺号称“南朝四百八十寺”之首。玉宇琼台、妙峰塔、凤凰石、文笔峰、神灵来仪。这里的昆石、琼花、并蒂莲是玉峰山的“三宝”。昆石晶莹洁白、玲珑剔透，与灵璧石、太湖石、英石一起并称“四大名石”。琼花如玉花繁盛，这种像玉一般名节的珍异花卉，人称它为“天下无双独此花”，园内最大的一棵花树已有三百多年树龄了，连理交枝，树冠周整，堪称今世“琼花之最”，每当琼花盛开之时，园内举行一年一度的琼花节，市民们争相观瞻。并蒂莲又名千蕊莲，文学家顾阿英从印度引进流传至今已有六百多年。亭林园的玉峰山间一览，柏木葱茏，林迹之亭，翠微之阁，人文荟萃。山前有亭林纪念馆、顾鼎臣祠堂、昆曲博物馆、昆石馆、盆景园、华藏寺等。其中昆曲博物馆以昆曲水磨腔为构思，将溪水引入馆中，以戏台、观演楼为主体建筑，轩、阁、楼、台、回廊古色古香，绿树粉墙相映成辉。昆山是百戏之祖昆曲的发源地，悠扬委婉的昆曲不时萦绕在玉峰山峦之间，和游人一起追寻历史的足迹。山后有夏津梅花之墩、遂园家山之轩，竹林深幽。康熙幸临，染翰留诗，品味高雅，宜仰宜观。东山洞窟奇诡，有朝天、黄泥、连环之别；西山生态景区有玉峰文化遗址、罗汉莼菜古桥、良渚文化巨雕，又有老人峰、群豕峰、栖霞洞等。素有“江东之山良秀绝”、“真山似假山”的美称，也是一座名副其实的文化园。

姑苏小吃

苏州又称“姑苏”，苏州小吃历史十分悠久，尤其明清以来，苏州小吃已鼎火昌隆，它与南京、上海和长沙并列为中国四大名小吃城市。陆文夫的《美食家》从纯文学层面上让我们认识了苏州的美食，而歌谣“姑苏小吃名堂多，味道香甜软酥糯”让我们知道了苏州小吃的口味。苏州小吃，蕴含着吴地的山川颐秀和人文精华，在柔和与清淡中略带些甜糯。缤纷众多的品种也显露出了苏州兼收并蓄的气度。苏州风味小吃大多集中在观前街及周边的玄妙观、太监弄、碧凤坊一带。那里汇聚着一批著名的老字号，黄天源糕团店的西式糕团、朱鸿兴的焖肉面，采芝斋的卤汁豆腐干、稻香村的虾子鲞鱼、陆稿荐的酱汁方肉、绿杨馄饨的鸡汤馄饨，还有专售梨膏糖的文魁斋、观振兴面店、王源兴酒酿豆浆店、小有天藕粉店、五芳斋、六芳斋、七芳斋以及百年以上的三万思、品芳两家茶馆。当然，去苏州七里山塘街走一走，那里的小吃摊、小吃铺也可让你大饱口福。逛过了苏州园林，到小街尝尝刚出炉的苏式鲜肉月饼，皮薄馅大，酥层清晰不乱。或是吃块焐熟藕又叫蜜汁藕，味甜、爽口、不腻。喝碗用冰糖熬制的南荡鸡头米汤或是一碗焐酥豆糖粥，定会有种在天堂的舒心和满足。当然，昆山颜复兴的红白汤奥灶面又称红油爆鱼面、苏州张锦记的枫镇大面、文魁斋的青团、猪油定胜糕、桂花糖年糕、桂花豆沙条头糕、石梅的盘香饼、太仓的糟油春饼、采芝斋的玫瑰猪油松子枣泥麻饼、酒酿饼、生煎馒头、油氽紧酵、巧果、鸡鸭血汤、鱼味春卷、蟹壳黄等等，此外还有松子糖、奶油话梅瓜子等，这些都是不可错过的姑苏小吃。

南通篇

南通是著名的历史文化名城，古有“崇川福地”之名，今有“江海明珠”之誉。它南临长江，东濒黄海，面向上海与苏州、无锡、常州，背依广袤的苏北平原，“据江海之会、扼南北之喉”，是长江流域进出物资的转运枢纽，是长江三角洲地区重要的港口城市。在这里，有全国佛教八小名山之首的狼山，以及军山、剑山、马鞍山、黄泥山等五山矗立江边，既有气势磅礴的水天美色，又有阡陌纵横的田园风光，为一马平川的江海平原平添了几分阳刚之美。在这里，有鉴真东渡纪念馆、骆宾王衣冠冢、张謇墓、啬园等许多历史人文景点。在这里，有“城在水中坐，人在画中游”的濠河；在这里，有世界第一斜拉索桥的苏通大桥；在这里有“中国四大渔港”之一的吕四渔港……宽阔清澈的濠河静静地流淌，环抱着城市的中心地带，在她的两岸，有中国人自己创办的国内最早的博物馆、图书馆和师范学校，也有近年来建造的纺织博物馆、给水博物馆、建筑博物馆、风筝博物馆和韬奋纪念园、沈寿纪念馆、赵丹纪念亭、艺术馆等，被评为“中国近代第一城”。南通是中国最早列入对外开放的十四个沿海城市之一，是中国著名的教育之乡、建筑之乡、体育之乡和长寿之乡。“近代历史名城，江海休闲港湾”已经成为南通闪亮的旅游城市名片。

濠河风景区

濠河环绕南通老城区，形如葫芦，宛如珠链，被誉为南通城的“翡翠项链”。濠河原为古护城河，史载后周显德五年(958)筑城即有河。濠河现周长十千米，水面最宽处两百一十五米，最窄处仅十米，是国内保留最为完整且位居城市中心的古护城河。千余年来，它担负着防御、排涝、运输和饮水的重任，被称为“人身脉络”。它也是国内仅存的四条古护城河之一。濠河水清如镜，自然风光优美，拥有江鸥、野鸭、鱼鹰等自然生态群落。濠河两岸有光孝塔、天宁寺、北极阁、文峰塔、南通博物苑、五公园等名胜古迹，有张謇、李方、赵丹等名人故居，还有濠东绿苑、濠西书苑、环西文化广场、文化宫、文峰公园、映红楼、体育公园等新兴的文化娱乐场所和旅游景点，以及二十八座桥和各种名木古树。清澈洁净的濠河与亭、台、楼、阁、塔、榭、坊等交相辉映，人文景观与自然风光融为一体。千百年积累的历史遗迹、园林艺术、乡俗风情奠定了濠河古朴凝重的文化底蕴，其中，省级文物保护单位天宁寺位于濠河北首。天宁禅寺始建于唐朝，以山门、金刚殿、大雄宝殿、药师殿为中轴结构，山门前有照壁一块，门前有石狮一对同为护持。天宁寺的主体建筑大雄殿是宋元时期遗留下来的木结构古建筑，殿高近四十米，面阔三间，进深四间。天宁寺楼西北角有一座玲珑秀丽的光孝塔，民间有“先有光孝塔，后有通州城”之说，可见光孝塔历史之悠久，它建于唐咸通四年，为八角结构，是古老南通的象征。三元桥、文峰塔一带是东南濠河风景片又一处景点集中地。这里风景秀丽、环境优美，文峰塔平地兀立，它位于城东古运盐河北岸，建于明朝万历四十六年(1618)，砖木结构，五级六角。据史料记载，此塔的建筑为的是“补山水之形，助文风之盛”。南通民谣说:“南通有三塔，角分四六八;两塔平地起，一塔云中插”。“两塔”指的就是位于濠河的光孝塔和文峰塔。而插入云霄的则是位于狼山的支云塔。三塔之冠是塔高三十九米的文峰塔。塔下的文峰塔院为庭院式建筑，是目前文联、艺术馆、书画院所在地。与文峰塔一河之隔的是我国第一座纺织专业博物馆，人称“纺织大观园”，整个建筑群由十多幢具有民族风格的建筑组成，而濠河东南还有一座中国最早的博物馆——南通博物苑，它由南通人张謇于清光绪年间创办。濠河滋养了南通人，也造就了南通花园城市之美誉。

狼山风景区

狼山风景区位于南通城南六千米，景区由狼山、马鞍山、黄泥山、剑山和军山组成，通称“五山”，是江苏省著名的“六大风景区”之一。这里的山并不高，但因处在一马平川的江淮平原上格外醒目。五山中狼山居其首，海拔近一百零七米，最为挺拔俊秀，文物古迹众多。相传狼山曾有白狼，又传山形似狼而得名。北宋年间曾因山名不雅而改为“琅山”，后因山上的岩石多呈紫色，故又称“紫琅山”，南通市也因此得了“紫琅”这个雅致的别称。狼山原在长江之中，唐代高僧鉴真第三次东渡日本曾在狼山停留避风，北宋时狼山才与陆地相接。狼山风光可分为山前、山后两部分。山前以佛教禅寺为特色；山后以山石、岩洞为主体、天主教堂为特色。自宋至清陆续兴建了庙宇殿塔，总名广教寺，是全国重点寺院之一。进狼山山门即为法乳堂，原为广教寺的大雄宝殿，又称释迦殿。堂内三面瓷砖壁画是中国自东汉到近代的十八位著名高僧的画像，均为当代著名画家范曾所作。出大殿西侧拾级向上是一座七级四面的实心砖塔，称“幻公塔”，为纪念北宋太平兴国年间(976—983)狼山广教寺的住持和尚智幻所建。塔北有一碑亭，内有明嘉靖三十九年(1560)所立《抚台平倭碑》，记载明代抗击倭寇的史实。一路经金刚殿、大悲殿、藏经楼、三贤祠、葵竹山房，登上狼山之巅即可见广教寺的主体建筑群。山顶进门就是萃景楼，紧接圆通宝殿，殿后的支云塔建于北宋太平兴国年间(976—983)，为“南通三塔”之一，是四角结构,因建在山巅,故有直插云霄的感觉。塔后就是著名的狼山大圣殿。狼山大圣为唐代的僧人,他南游江淮,为民医病治水,深受爱戴,唐中宗尊他为“国师”。殿内大圣菩萨身披龙袍,法相庄严。两旁为他的弟子度慧岸和木叉。此外,山前东南麓山脚下有鉴真东渡纪念馆和“初唐四杰”之一骆宾王的墓,与骆墓并列的是南宋民族英雄文天祥的僚属金应以及清《五山全志》编纂者刘南庐的墓。山后部分即狼山北麓以山为屏而构园,悬崖陡壁上题刻甚多,又称“题名坡”。西部临水的巨石被近代著名书画家吴昌硕题为“大磊落矶”。事实上,狼山因奉祀“大势至佛”被列为中国佛教八小名山之首。然而吊诡的是,清末天主教在狼山北麓建教堂,名“狼山露德圣母堂”。1930 年,罗马朝廷几下诏书颁赐“全大赦”,使狼山列入“中国天主教十二大朝圣地”之一,在远东地区有崇高的宗教地位和影响力。像狼山这样一座山上既有佛教寺庙又有基督教教堂的十分罕见,也使狼山充满了神秘色彩。此外,狼山作为著名的自然风景区,附近还建有南通园艺博览园,以“山水神韵、江海之风”为主题,全方位展示江苏园林精品的传世之作,是近年南通旅游新的亮点。

水绘园

水绘园位于如皋县城东北隅，始建于明朝万历年间。明末清初江南才子冒辟疆与秦淮佳丽董小婉曾在此栖隐，因此格外引人注目。这里原是邑人冒一贯的置业，历四世至冒辟疆时始臻完善。冒辟疆将旧园重整，赋予思想精心增饰，在园中构筑妙隐香林、壹默斋、枕烟亭、寒碧堂、洗钵池、小浯溪、鹤屿、小三吾、波烟玉亭、湘中阁、涩浪坡、镜阁、碧落庐等十余处佳境。清初名士陈维崧在《水绘园记》中写道："绘者，会也，南北东西皆水绘其中，林峦葩卉块扎掩映，若绘画然。"冒辟疆营造的水绘园不设垣墉，环以碧水，园中凭借水流于地面，自然地形成了一幅优美的图画。这里，有画堤的两岸夹镜，涪溪的窈窕，香林的妙隐，似镜浮的茅亭，洗钵池的空明和屿地的不羁。水中倒映着冬季的"碧落"、早春的"寒碧"、夏日的"悬露"、爽秋的"泼烟玉"，更有那迟疑的"涩浪坡"和恬淡的"枕烟亭"。园中以洗钵池为中心，池水四方分流，把园分为数块。再加上水中洲，在其回环的水道上疏疏落落地建有一堂、一房、一斋、一庐、二阁、三亭，剩下来的就全是水景了，这正好点出了地处长江三角洲水网平原上的造园特色。"水绘园"顾名思义就是一座以水绘出的美丽图画。园以水为贵，倒影为佳。水绘园南邻中禅寺，西倚碧霞寺，三者四周也都环水，成"品"字格局，积水弥漫，依水而建的园子以园为忆，以园言志，具有相当浓厚的人文气息。现今的水绘园包括人民公园、雨香庵和水明楼三部分，人民公园位于东部。

公园中部为逸园遗址，南部为壶领园遗址，北部为水绘园遗址。雨香庵和水明楼在西部，构成整体建筑群，自成体系。水绘园是苏北平原一颗璀璨的明珠。附近建有如皋丝毯博物馆。

啬园

啬园即张謇墓园，位于南通崇川南郊路，原名“啬公墓”，啬公即清末状元、近代民族实业家、教育家张謇（1853—1926），张謇字季直，号啬庵，海门常乐镇人，民国初年曾任农商总长。他因提倡实业救国、棉铁主义、村落主义而驰名中外。由于张謇在南通的特殊地位，他的名字与南通已紧紧联系在一起，他是南通人的骄傲。啬园闹中取静，因在狼山风景区附近，所以景色怡人。这块墓地是张謇生前亲眼看中，总面积达一百七十五亩。张謇墓居全园中心轴线北端，墓的东南畔为“张氏飨堂”，四合院式房舍，后毗连一八角亭。青砖粉墙，瓦格围墙，开月洞门进出。堂内陈列张謇画像、各界人士祭奠诗文等。墓园中部、飨堂右侧为张氏后人所建的“憩厅”。憩厅于1956年落成时，郭沫若曾题赠“张季直先生纪念馆”匾额。啬园内古树参天，有池杉、龙柏、珙桐等珍稀树种二百多种，总数八千六百余株，为南通规模最大的植物观赏园。园内有张謇生平事迹陈列馆、扇亭、映山楼、观鱼廊、松鹤轩、碧云亭、放鹤亭等游览景点，自然与历史、传统与现代融为一体，令人流连忘返。游人在此可体验到远离城市的喧闹、回归大自然的情趣。张謇墓现已被列为全国重点文物保护单位。此外，在海门常乐镇建有张謇纪念馆，是省爱国主义教育基地。

定慧禅寺

定慧禅寺位于如皋市泮池路，始建于隋开皇十一年(591)，迄今一千四百余年。现存主体建筑系明万历年间再建，为苏北驰名古刹。据唐代道宣和尚撰写的《续高僧传》记载，隋开皇十一年十一月，晋王扬广也就是后来的隋炀帝在扬州金城殿设千僧会，佛教天台宗实际开创者应邀赴扬州授菩萨戒，途经如皋，诛茅建寺，取名“定慧寺”，同时建七级宝塔一座。定慧寺占地约十六亩，平面布局略呈“回”字形，外为楼堂，内为殿宇。定慧禅寺一进三堂，天王殿、大雄宝殿、法宝殿，殿宇生辉。右有观音楼、祖堂、影堂；左有华严楼、念佛楼、客堂、斋堂；前有重建钟楼、鼓楼。山门北向，碧水环寺，丹楼绕殿，具有独特的构筑风格。由山门向南沿中轴线依次设有二道门、大雄宝殿、藏经楼等，均坐南朝北。大雄宝殿殿高十多米，为九歇山式合掌形状的串角砖木结构，高高耸起的四个飞檐翘角上挂有铜铃，殿背正中是高达两米的“极乐指南”，殿内有高一丈六尺如来佛，额首端坐莲花中央，身后光芒四射，千佛相绕，造型各异，姿态优美。上界是香、花二圣，其侧为梵王、帝释，东、西两厢是十八尊罗汉，栩栩如生。寺内珍藏各种版本藏经，新铸宝鼎，重制大钟、法鼓等。古刹钟声感召善男信女，这里每年都有大批港、澳、台同胞，以及日本、新加坡等东南亚人士来此朝圣，或举办各种佛事活动，这里的功德林素餐馆以其独特风味的素餐远近闻名。

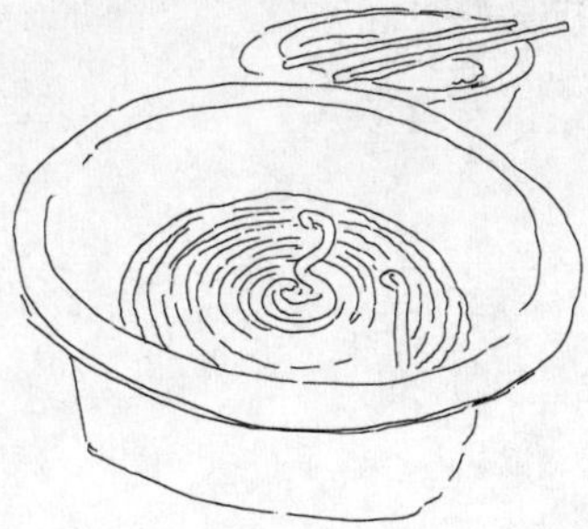

崇川小吃

南通又称“崇川”，南通临长江、通运河、达黄海，所以这里水产业发达，饮食的口味以咸鲜为主。清蒸、红烧、炖焖、煎炸，精湛的烹调技艺能让人回味无穷。海鲜名菜主要有白汁鮰鱼、铁板文蛤、文峰双竹、海门提汤羊肉、糖醋黄鱼等。受南通人喜欢面食的影响，南通的小吃以面点为主。三款有特色的面点是缸片、火饺和文蛤饼。缸片又叫“斜角儿”，属烧饼一类，因制作工具是缸炉且制作出的成品为两片，故称为“缸片”，外焦里软，香咸可口，可卷油条或放酱、姜片佐吃。火饺是饺子的一种，只是和面时的水温较高且先煮后炸，故称“火饺”，色泽金黄，馅嫩汁鲜。文蛤饼则是用文蛤肉和猪肉配以荸荠丝或丝瓜等脆嫩蔬菜煎制成饼，形如金钱，软嫩鲜香。和它外形大小相似的还有华联大酒店的金钱萝卜饼，它用油酥面做皮，包萝卜丝馅烘烤而成，已被载入《中国小吃》。和它有一样殊荣的还有芙蓉霍香饺，利用霍香叶作饺皮、桂花豆沙做馅心，软炸，犹如芙蓉花蕾，入口清凉。此外，南通的“跳面”又叫“曹顶面”，配以发酵面煎制的油饼也是当地人经常品尝的特色小吃。在这里，不能错过的还有当地的糕点，其中西亭脆饼十八层酥脆香甜，镇场的熏糕细、软、糯，可用火点燃，它们并称南通二绝，此外，小食白蒲茶干，清香劲韧，也令人回味无穷。

连云港篇

连云港位于江苏省东北部，陇海铁路终点，东临黄海，北接齐鲁，南连江淮，背靠云台山。这里古称郁洲、海州，地势由西北向东南倾斜，形如飞向海洋的彩蝶。境内以平原为主，兼有丘陵、山地、湖泊、滩涂等。其中云台山的玉女峰为江苏最高峰；石梁河水库为江苏最大水库；九个岛屿中的东西连岛为江苏第一大岛，素有“东海第一胜境”之称，是全国四十九个重点旅游城市和江苏三大旅游区之一。连云港依山傍海，山海相拥，港城一体，漫长、宽阔、幽静的海岸是避暑疗养的胜地。海浴、楫舟、散步、垂钓，无一不宜。与其他沿海港口城市相比，连云港旅游古迹较为突出且历史久远。连云港集名山（花果山）、名海（黄海）、名水（东海温泉）、名竹（金镶玉竹）、名石（水晶）、名书（《西游记》、《镜花缘》等）、名“气”（连云港空气质量全国最好）、名井（亚洲第一井）于一地，形成“海、古、神、幽、奇、泉”等六大旅游特色。山、海、岛、港相得益彰，水秀山明浑然一体。连云港之夏、西游记文化旅游节的影响力在不断扩大。如今的连云港正像《西游记》所描述的“烟霞散彩，日月耀光”，是江苏境内最有海味的海港山城。登山下海，访古寻幽，占尽自然、人文、休闲之先机。

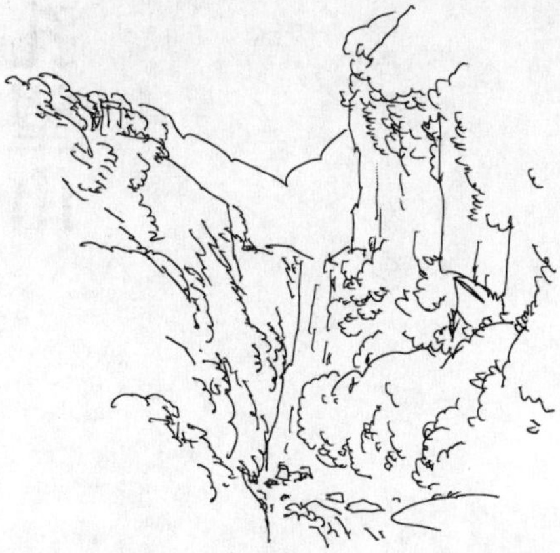

花果山景区

花果山位于连云港东南，为云台山脉的一部分。原名“苍梧山”。它原来只是黄海中的一列岛屿，十八世纪方与大陆相连，因吴承恩的《西游记》取材于此，故名“花果山”。花果山风景区是国家级重点风景名胜区，景区层峦叠嶂，有一百三十六峰，其中花果山玉女峰是江苏省最高峰，海拔六百二十五米。花果山以古典名著《西游记》所描述的“孙大圣老家”而著称于世，闻名海内外。山中古树参天，名胜古迹众多，历代文人墨客的足迹遍布山中，景点多达一百三十六处。首先与《西游记》密切相关的景点有很多：有孙悟空出生地——娲遗石，惟妙惟肖的猴石、八戒石、沙僧石，栩栩如生的唐僧崖，以及七十二洞、定海神针、仙砚、拐杖柏、晒经石、团圆宫等，特别是水帘洞更是名闻遐迩。近几年来围绕《西游记》主题，又增加了怪石园、墨香小径、大圣佛、多宝佛塔、瑶池、猴苑、鹿苑、神路、天下第一巨字“神”字、仙人湖等独具匠心之作。其次，以三元宫为中心的古建筑群发迹于唐，重建于宋，敕赐于明，兴盛于清，是历史上著名的香火盛地。这里还有极具文史价值的郁林观石刻和建于北宋的阿育王塔，此外屏竹禅院、义僧亭、茶庵、九龙桥等都是著名的名胜古迹。再次，花果山植被丰富，景色秀丽，一年四季皆有特色。全国“四大观赏名竹”之一的金镶玉竹，名茶云雾茶和猕猴桃、人参果、银杏、板栗等都是花果山的特产。花果山下的大圣湖底就是新石器时代大汶口文化和龙山文化的大村遗址。浓郁的自然风光与灿烂的历史文化，奇异的山水特色与多彩的神话传说，使这里享有“海内四大灵山”、“七十二福地”和“天下名山寺院”的美誉，不愧为“东海第一胜境”。

孔望山

孔望山位于连云港市海州城东，在锦屏山的东南麓，是南云台山的余脉，海拔一百二十九米。相传两千五百多年前，孔子曾在此山头向郯子请教官职制度方面的学问，即著名的“孔子问官”的故事就发生在这里。在山顶塑有“孔子望海”雕像，以纪念孔子曾登临此山以望东海，故名“孔望山”。著名景点东有龙洞庵、龙洞，北有孔望亭，南有望海亭，中有象石。其中最负盛名的是位于孔望山南麓的汉代佛教造像，比敦煌莫高窟还早两百年，被史学家称为“九州崖佛第一尊”。摩崖造像依据山岩的自然形势雕刻出各种形态的造像，是我国佛教造像艺术的雏形。造像分成十三个组体刻在东西长十七米、高八米的峭崖上。最大的图像高 1.54 米，最小的头像仅十厘米。采用传统的汉画像雕刻技法表现外来的佛教题材是孔望山摩崖造像的特征。孔望山风景区是连云港市“四大风景区”之一，怪石峥嵘，草本葱郁；堪称原始艺术精华的孔望山摩崖石刻以及历代名人墨客的铭刻留言更使风景区古趣怡然，驰名中外。这是我国佛教史和美术史上的瑰宝，也是连云港最珍贵的古迹之一。无论是摩崖石刻的内容，还是象石，抑或龙洞庵等，它们均明显地反映出这座山的佛教和道教氛围，因此，孔望山是一处宗教类遗址。

桃花涧风景区

桃花涧景区位于连云港市海州区锦屏镇锦屏山南麓，是云台山风景区的重要组成部分。山青水碧，谷幽涧深，每年四月桃花遍开，与山涧相互掩映，风景如画般美丽，引来游人如织，因此名曰“桃花涧”。桃花涧是锦屏山最大最长的一条山涧，一年四季水流不断，瀑布更是一个接一个。“两岸桃花夹古津”的美景重现人间。桃花涧两侧象形石很多，形态各异，造型逼真。有形似兔子的，称之为“玉兔望月”，名列桃花涧景区奇石之首。整个桃花涧南侧的崖头像一个猿人的头部，而且五官相当清楚，这处景点叫做“猿人啸峡”。猿人啸峡的下方有一巨石形似观音，称之为“观音说法”。对面有一处古祭台，祭台中间供奉的是石祖，又叫“泰山石敢当”，当地人称之为“石干大”。在桃花涧景区既有石祖崇拜，又有石母崇拜，这在其他地方是找不到的。桃花涧的东北侧有紫竹庵、彩云砚等遗址，并有多处古人的石刻铭文。1979 年这里发现桃花涧旧石器时代遗址，是我国东部沿海地区迄今发现的唯一含有小石叶工艺的遗址。将军崖岩画位于锦屏山南麓后小山西端，在南北长约二十二米，东西宽十五米的一块混合花岗岩构成的覆钵状山坡上，分布着三组以石器敲凿磨制而成的岩画，又被誉为“东方天书”，是我国目前发现的唯一一部反映东夷部落生活的历史画卷，它反映了四五万年前古人类的生活情况。因此，桃花涧景区集自然风光、远古文化与宗教文化于一体，是旅游达人必去的地方。

连岛风景区

连岛古称“鹰游山”，面积逾七平方千米，是江苏省最大的海岛，与连云港港口隔海相望，通过六千七百千米的中国最长的拦海大堤与连云港市东部城区相连。集青山、碧海、茂林、海蚀奇石、金滩等海滨自然景观，以及海港、巨堤、渔村、古石刻等人文景观于一体，是云台山景区的重要组成部分。连岛美在海中央，云腾雾绕，似海上仙山浮座于万顷波涛之上。这里青山披翠，碧海泛波，独特的海滨风光秀丽迷人，是黄海之滨一颗璀璨的明珠。特殊的地理位置使连岛度假区冬无严寒，夏无酷暑，气候四季宜人。岛上山峰苍翠欲滴，森林覆盖率超过百分之八十，所到之处绿树成荫。环绕连岛的是湛蓝的大海，无论站在哪个角度均可远眺苍茫大海，平日劳顿身心豁然舒畅，愉悦情怀油然而生。在连岛大沙湾、苏马湾各有一处天然海滨浴场，是江苏省最大的天然优质海滨浴场。那里浪缓滩平，水清沙细，国际标准海水游泳水温期长达八十天，是踏浪戏海的理想之地。久居城市的人，在钢筋和混凝土的丛林中饱受喧嚣之闹，来到连岛可以享受卧床听涛、推窗望海、渔家乐趣的渔村之旅；可以体验位居神州第一、如虹横卧天堑的拦海巨堤；可以欣赏饱经沧桑岁月、诉说汉代文明的海上界域石刻；可以探秘孤悬海外、物产丰饶、堪称连岛的前三岛；可以呼吸清新纯净、富含负离子的海洋空气；可以倾听万年如一的潮声涛语，山海的永恒博大。让郁积于胸的烦情愁绪顷刻间遁于无形，甚至将自我都融入苍茫的海天之中。此外，这里还以盛产海鲜著称。每年一度的“连云港之夏”均在此举行，得天独厚的资源已使连岛成为夏季避暑纳凉、踏浪休闲娱乐、享受海鲜美味的旅游胜地。

渔湾

渔湾位于云台山东南，距市区约二十千米。现在的渔湾名不符实在于它的地理位置并不像它的名字所讲，这里并不临海，而是一个峡谷，以瀑布、峭壁、怪石叠化而成，自然景观十分优美。因其自然纯净，淳朴险峻而被游人誉为“江苏的张家界”。两百多年前，渔湾是靠海的，它是云台山脉延伸到大海中的一个岛，偶有渔船停泊。在明代《云台山志》中，渔湾龙潭是“云台三十六景”之中三潭汲浪的景致，因道路陡险而少人探及。游览渔湾循三潭、一洞、三汪为主线。即三龙潭、二龙潭、老龙潭，藏龙洞，绿水汪、清水汪、黄水汪。由于渔湾过去曾是个渔村码头，后来海水东退，山下逐渐变为良田。这里山僻人稀，自然环境很少遭到破坏，民风淳朴，有浓郁的田园风味。名著《镜花缘》中对山林风光的描述多取材于此。三龙潭潭水清澈，游鱼可数，旁边巨石斜立如棚，岌岌可危，令人不敢近前。雨季涧水湍流入潭，犹如一幅宽宽的银幕。沿山间石板小路上溯，但见怪石无数，虽都被涧水冲刷得圆润异常，但却各具形态，排列有致。二龙潭潭水面积较大，水寒彻骨。继续向上，两岸山崖笔立，人行如在狭巷中。几经曲折，便可看到飞流直下的老龙潭瀑布，它是景区中最有神采的，瀑布落差四十多米，潭水暗蓝，深不见底，水沫横溅，若雾若烟，游人至此伸手可及。渔湾鲜有历史文化的痕迹，也没有动人的传说，这里有的只是纯天然的雕饰、纯净的原生态，也是近年游客对连云港风景区性价比评价最高的地方。

石棚山

石棚山距市区仅五千米，位于孔望山和锦屏山之间，高不过百米，是宋代大诗人石曼卿饮酒宴乐和大文学苏乐坡登山赋诗的地方。这里的自然景观和人文景观都相当丰富。山顶上有一块势如天外飞来的椭园形巨石，长十三四米、厚三四米，由下面两三块石头将其托起，形成一个石室。石室内有天然的石床、石凳，可坐可卧，故得名石棚山。石棚山掩映在几百亩桃园之中，春来一片花海。石棚山虽不太高，但怪石嶙峋，千奇百怪。古人凭借丰富的想象力，给许多顽石赋予了生命，什么万花岩、佛手岩、群龟探海、犀牛斗象、天蟾独跃、海豹望月、金猴拜山，还有巧夺天工的试剑石、芙蓉洞、小九曲等等，都足以让游客驻足观赏，流连忘返。山顶石棚，上刻有“高行清风”四个大字，这是当时海州刺史王同为颂扬石曼卿的品行而写。在石棚西南不远处耸立一块大招头崖，向阳背风，前面是一片较为平坦的芳草地，置身其中有超凡脱俗之感。传说当年石曼卿常在这里读书弹琴，饮酒宴乐，故后人于石壁间镌刻了“石曼卿读书处”六个擘窠大字，深入石骨，古朴可爱。人说“山不在高，有仙则名”，这句话是对石棚山最好的注脚。

大伊山

大伊山位于连云港灌云县伊山镇，距连云港市区三十千米。大伊山素有“淮北平川第一神山”之称，属泰山支脉，诞生于太古代，距今已有二十亿年的历史，因商朝宰相伊尹在此隐居而得名。自古就有“十里青山半入城”之美誉，历史悠久，文化璀璨，自然景观和人文景观十分丰富，具有“幽、古、神、奇”四大特点。其中“幽”指大伊山山材俊秀、层峦叠翠，常年生长着数千种花木和上百种珍奇草药，相传李时珍、孙思邈均来过此山。“古”是指这里的石棺、石佛和石刻。在大伊山东麓有全国规模最大的新石器时代石棺墓葬群，这是目前我国发现最早、保存最为完好的新石器时代母系氏族公社遗址。另外，大伊山曾有“云台和尚伊山庙，僧道寺观胜苏州”之誉，历来是寻仙求道的洞天福地，有“苏北第一丛林”的说法。古刹石佛寺就是其中的典型代表，为歇山重檐式建筑。此外，大伊山岩画从艺术手法和画面所蕴藏的内涵上讲，均为全国同类岩画中所少有。其中有元代梅鹿石岩画、海船石岩画、美女石岩画，以及被称为神秘的东方天书的星相石崖画。“神”指的是山上的神仙洞、仙姑洞、白云洞、熊神岩、升仙崖、入仙门等众多景点均与神仙有关，曾被誉为“淮北第一神山”。“奇”指的是这里奇峰怪石、奇岩妙崖应接不暇。鳄鱼石、蛙石、狮身人面石、飞人石形态各异，栩栩如生，以石为景是大伊山的主要看点。雨后飞瀑、喷花泻玉，瓢儿井、茯苓泉、盘丝洞、龟石等更具传奇色彩。此外，大伊山的金镶玉竹、壮观稀有的香樟树、形似母子的母子松也是值得观赏的，同时别忘了品尝卧龙云雾茶。

徐福故里

徐福的故里位于江苏省赣榆县金山镇徐福村，离赣榆县城约二十千米。据传徐福当年是秦代方士。公元前219年，秦始皇东巡至赣榆，要徐福为其入海求仙药。徐福带领三千童男童女和许多技工、武士出航，一去不返。后来史书上曾有徐福在平原、广泽为王的说法。虽然未获长生不老药，徐福却在日本登陆，成为中国文化向日本传播的第一人。今天徐福被日本人民尊之为神，在日本新宫市有徐福公园，园内有徐福墓。现在赣榆县的徐福村建有徐福祠，整个建筑由祠门、东西配殿、大殿四部分组成，力求体现秦代建筑特点和风格。徐福祠内供奉着徐福塑像，像高三米，面向东南，目视远方，表现出刚毅、睿智和对故乡的眷恋之情。祠堂前有两个灯笼为日本友人所赠。西配殿陈列着徐福故里的出土文物，有新石器时代的带槽石斧和秦砖汉瓦，殿内有徐福在日本足迹的大量照片，东西长廊镶嵌有苏北罕见的花岗岩汉画像石、原始社会石笋等，还存有石船锚和石药碾等出土文物。徐福祠前的广场上竖有赵朴初先生题写的“徐福村”碑和彭冲先生书写的“徐福故里”碑。如今，在赣榆已成功举办了几届“徐福节”，盛况空前，赣榆作为徐福故里的观念已深入人心，得到了考古专家和历史学家的佐证和认可，尤其这里已成为日本游客游览连云港的必到之处。

东海温泉景区

温泉位于东海县西北部，因临近羽山，又称“羽山温泉”。它是连云港市新近开发的旅游温泉。温泉发现于唐代，早见于史籍记载。晚清时期，东海温泉声名远扬；明代有文述其“冬夏如汤”；清代《海州志记》称“山南有泉，冬夏常温”。那时的温泉只是两个小水洼，灼热的地下水，不断涌出地面，漫野而流，人们称为“汤泉”。1963年被收入英国《简明不列颠百科全书》，命名为氟硅复合型医疗热矿水。1972年，在这儿打出了一眼自流井，井深五百多米，水温高达八十二度，每天喷流九百余吨。目前，东海温泉已开发成疗养胜地。国内外游客往往在饱览连云港海光山色、名胜古迹之后驱车前往，洗尘濯足是一件惬意美事。羽山温泉属于钠钙型水，富含钠、钙、镁、锌等元素，特别是放射性气体氡的含量在一升水中超过了五马歇单位，有着重要的医疗价值，对关节炎、高血压和多种皮肤病有明显疗效。羽山泉水透明清澈，滑润爽肌，没有一般温泉那股难闻的硫磺味，洗浴时也无需用肥皂。水质可与西安华清池、南京汤山温泉相媲美。浴后再喝上一杯略带咸味的温泉水，不仅增进食欲，而且可以治疗肠胃疾病。被国内康疗、旅游专家誉为“华东第一温泉”，也是中国难得的返老还童泉。

连岛小吃

连云港又称“连岛”。人说“靠山吃山，靠海吃海”，得天独厚的地理位置使连云港的海味特征十足。这里的菜以淮扬和海鲜为主，口味偏咸偏重。这里的特色之一是板浦凉粉。连云港的凉粉种类多，有豌豆粉、绿豆粉、山芋粉等，吃法也分热吃和冷吃，其中热吃是将凉粉放在烧热的平底锅上略煎一下，待底部有一层焦黄即取出加以佐料食用。特色之二是赣榆煎饼，以杂粮和面糊慢火摊制而成，韧性大，耐咀嚼，吃起来较费力气，又称“摇头饼”。当地人喜爱用干炸的小鱼或虾皮配以红绿辣椒丝裹食，所以又称“小鱼煎饼”。特色之三是灌云豆丹，这是一种以吃豆叶、喝甘露为生的昆虫，与蚕相似，学名“豆天蛾”。豆丹入菜，煎、炒、炸、煮味道均异常鲜美，营养丰富。被誉为“国内少有，苏北仅有，灌云特有”的美味珍品。特色之四就是海鲜小吃，其中的虾婆饼是用虾婆婆的肉汁加上面糊和鸡蛋烙成饼，味道鲜美无比。此外，在连云港，用鲜驴肉制馅的水饺也历来备受人们的喜爱。不得不提的还有这里的美食特产——花果山风鹅，至今已有三千多年的历史，选用三十余种中草药秘制而成，皮薄肉嫩、腊香可口。

淮安篇

淮安古名“楚州”、“清江浦”、“古楚”、“淮阴”、“清河”等，距今有二千二百多年的建城历史。夏商周时期就以“交通灌溉之利甲于全国”。市境东北接连云港，东南接盐城，南接扬州，西南邻南京，西北连宿迁。它是江苏省长江以北的核心地区，邻近江海，曾是南船北马交汇之地，自古为南北交通咽喉、军事重镇，历代郡县州府的治所。淮安因河而兴，因漕而盛，京杭大运河与古淮河在此交汇，苏北灌溉总渠横贯，洪泽湖镶嵌其中。鼎盛时期与运河沿线的扬州、苏州、杭州并称为“四大都市”，享有“运河之都”以及“襟吴带楚客多游，壮丽东南第一州”的美誉。淮安悠久的历史孕育出璀璨的文化，境内有青莲岗文化遗址、乐阳城遗址和明代第一陵等古迹。古城风貌独特，沿大运河、环洪泽湖既可领略自然风光，又可观赏名胜。淮安历史上名人辈出，共和国首位总理周恩来就出生在这里，大军事家韩信、汉赋大家枚乘、巾帼英雄梁红玉、《西游记》作者吴承恩、爱国将领关天培、《老残游记》作者刘鹗等名人均出于此。深厚的文化底蕴和纯朴自然的山水风光，加之这里还是四大菜系之一淮扬菜的发源地，使游客的眼睛、耳朵和舌尖都能在这座国家历史文化名城中得到享受。

周恩来纪念馆

周恩来纪念馆位于淮安市楚州区东北桃花垠的一个三面环水的湖心半岛上。1992 年 1 月 16 日落成，邓小平题写馆名，江泽民、李鹏、李先念、杨尚昆等同志为纪念馆题词。整个馆区由两组气势恢宏的建筑群、一个纪念岛、三个人工湖和环湖四周的绿地所组成。在纪念馆南北八百米长的中轴线上，依次有瞻台、纪念馆主馆、附馆、周恩来铜像和仿北京中南海西花厅等纪念性建筑。此外，还有岚山诗碑、海棠林、海棠路、樱花路、五龙亭、怀恩亭、西厅观鱼等景点。纪念馆主馆分为三层：一层展厅分八个部分，通过丰富的文献史料和珍贵的文物图片展现周恩来光辉的一生。二层瞻仰厅安放着周恩来坐像，展现的是周总理手握长卷的伟人形象。顶层为敞开式的观景平台，可饱览馆区全景。副馆平面为“人”字形，形似拥抱主馆，象征着周恩来永远和人民在一起。主馆有四根十一米高的栋梁大柱，象征着周恩来生前多次提出的要实现四个现代化。在纪念馆北侧建有周恩来遗物陈列馆。周恩来纪念馆是为纪念中华人民共和国开国总理周恩来而建立的一座大型纪念馆，是一座展现周恩来一代伟人风采的巍巍丰碑。整个建筑造型庄严肃穆，形式朴实典雅。既有传统民族风格，又有现代建筑特色，设计寓意深刻，匠心独具，体现了亿万人民缅怀人民好总理的深切感情。

勺湖园风景区

勺湖园位于淮安西门大街上，古运河东侧。因水面弯曲如勺而得名，历来为淮上名湖。传说，勺湖是古代大户人家私家园林的池塘。因其优越的地理位置和优美的自然环境，自晋建淮安城池后在其周围修建许多庵观寺院，主要有法华禅院、文通寺、龙兴寺、千佛寺、老君殿等。勺湖旧有十景，后建勺湖园。勺湖园水面有一百多亩，陆地四十余亩。刘鹗在《老残游记》中曾对勺湖给以极高的评价。由于清末及民国年间多年战乱，淮安城屡遭劫难，勺湖周围的名胜古迹多已被毁，但勺湖园内碧水、长桥、画舫、亭阁、碑园、相映成辉，更有文通宝塔耸立湖畔，塔影、波光、鸟语给勺湖园平添了许多的品位。文通塔旧称尊胜塔，是淮安历史文化名城的标志物之一。始建于东晋大兴二年(319)，多次重修，是一座具有佛教传统的古建筑，全部砖结构，无梁柱，现为七层八角形，六七两层无塔门，五层以上是穹窿式的砖顶，内部空腔，顶上为八角形藻井。塔高约二十三米，塔身呈抛物线形状，十分优美。东南增建古式花墙与外界隔开，院门题额“文通塔苑”。苑内花木丛生，扑入眼帘的是双亭回廊，塔北勺湖如镜，塔影倒悬，别有风趣。过文通塔即踏上勺堤，左侧是绿波荡漾的湖水，右为与淮中校园毗邻的白身青檐的云墙。由此向东北眺望，清晰可见远处的两道玲珑别致的洞门，有芳径通幽之感。虽然不比浓妆淡抹相宜的杭州，但与江南一般园林相比毫不逊色。过了两道洞门，园中古色古香的建筑皆顺着地形水势变化多样,色彩柔和宜人,庄重淡雅。湖心岛上原是大悲阁旧址,现建一座厅堂,东侧是贴水曲廊和扇形水榭。湖心岛南北有虹桥与陆地相连,湖中建有石舫,舫上有两层楼阁,登楼可鸟瞰全湖景色。明代进士阮葵生当年讲学的勺湖书院按当时的建筑风格修复,西侧增建一座春风亭,供探游者休憩。先前的景点已恢复的有胜境长廊、飘然一叶、金鲤戏波、曲桥钟鸣、勺湖书院等。勺湖园自古就是淮安历史名胜风景区,据说这里也是周恩来童年经常光顾的地方。

镇淮楼

镇淮楼雄踞于淮安市中心，镇淮楼东路一号。是古城淮安的象征性建筑，当地人俗称“鼓楼”，这是一座古代宫殿式建筑，飞檐雕栏，宏伟壮观。镇淮楼始建于北宋年间，原为镇江都统司酒楼。因为淮安“扼江北之要冲，为南北交通之孔道”，纵贯淮安全境的大运河便是当时南北交通的命脉。南粮北运要从运河穿长江、越淮河才能北上，船只以到淮安视为安全。因此无论文武官员、显宦世家、巨商富贾、文人墨客和僧道名流都要登楼祭酒，以庆幸运。在元代，淮安“置总管府，用以控制南北舟车转输”，楼上便悬挂“南北枢机”、“天澈云衢”的金字匾额。明代楼上置“铜壶滴漏”用以报时，故又名“谯楼”。后又置大鼓专伺打更、报警，故又称为“鼓楼”。清代乾隆年间，因水患不断，人们为震慑淮水，更名为“镇淮楼”。现存建筑为清光绪七年(1881)十月重建式样，在原有基础上有所扩大。整体建筑坐北面南，底座为砖砌基台，长二十八米，宽十四米，高八米，略呈梯形，坚实稳重。基台正中为拱形门洞，宛如城门。东西两侧为拾级而上的方砖踏步。基台上是两层砖木结构的阁楼，面阔三间，内有一女木乃伊，头发皮肤清晰可见。楼顶为重檐九脊式，四角翘起的龙头双目圆睁直视，大口吞云吐雾似有腾飞之势，令人惊叹不已。由于古代漕运总督设在淮安，是管理全国漕运的唯一机构，所以今天的镇淮楼和漕运总督遗址公园一起构成了楚州城的中心景点。此外，镇淮楼东两百米处是韩侯祠，是为纪念汉初军事家韩信所建祠堂。原建有大殿、中殿、前殿及一些附属建筑。大殿门朝南，典雅古朴，内有韩信及侍从的泥塑像。前殿大门额上书有“汉韩侯祠”四个大字，祠内悬有几副楹联：“生死一知己，存亡两妇人。”“奠数千里长淮，神留桑梓；开四百年帝业，功冠萧曹。”充分表达出淮安人民对韩信的尊重与欣赏。

铁山寺森林公园

铁山寺森林公园位于苏皖交界处，距盱眙县城三十八千米，属大别山余脉。这里有和恐龙同一时代的植物，即两色鳞毛蕨，是江苏省保存最好、面积最大的野生动植物王国。六十几平方千米的原始次生林海和群山环抱着的九平方千米无比纯净的天泉湖，构成了极其独特被称为“冷湖”现象的小气候环境。这里繁衍生息着四十多种动物、一百七十多种鸟类、二百八十多种高等植物、八百多种中草药。其中绝大多数为南北地域边缘物种，是天然的动植物基因库。区域内山、林、泉、湖、石、洞自然造化，佳景天成。一年四季景色各异，有“铁山寺十景”之称，“十景”分别是雾锁铁山、天泉夕阳、索桥悠悠、九曲放排、竹海晨曦、百鸟朝凤、科普园朝霞、水杉林秋韵、天文台鸟瞰、雪霁铁山寺。铁山寺因东汉僧侣严佛调所建名震国内。严佛调为盱眙铁山寺人，他是我国汉人出家第一人、修庙建寺第一人、翻译佛典第一人、自撰经书第一人以及境外传道第一人。铁山寺的佛教文化底蕴十分深厚，由此复建的苏北规模最大的铁山禅寺已成为佛教信徒的朝圣之地。同时，开山寺、龙王寺等历时九个朝代的十四座寺庙遗址也历历可见。2000年，这里因空气质量优异，被中科院紫金山天文台选为大型观测基地，现有亚洲最大、世界第三的近地天体望远镜对游客开放。此外，这里还建有水上中心、科普园、农家乐等，形成了森林氧吧、水土湿地、天文科普、环湖农家和佛教文化几条特色线路，被誉为“江苏的九寨沟”。

第一山风景名胜区

第一山在盱眙县城内，古称“都梁山”、“南山”，因宋人米沛题诗赞为“东南第一山”，后人咸称其为“第一山”。早在汉朝，孔子后裔孔安国做临淮太守时在此创立了“崇安书院”。1985年定名为“第一山公园”。第一山左拥翠屏峰，右揽风坡岭，背依清风山，面临长淮河。山高近百米，突兀耸峙，雄踞于淮河南岸。舟行淮水，望山似翠屏；登山远眺，淮水若白练。有玻璃泉、杏花园、魁星亭、米沛书第一山碑、明伦堂等景点，最值得称道的是第一山题刻，历代文人墨客、翰林学士、官府政要都曾慕名前来，留下大量碑刻和碑碣。清代时还存一百七十二块，经1986年普查目前尚存八十八块。这些碑刻早自宋元，晚迄明清，书体有正、草、隶、篆，文体有诗、词、题、记等。“山腰有石皆诗草”，山腰间有著名的秀岩、瑞岩、西城寺三座石刻均为摩崖石刻。明吴承恩《西游记》中对第一山也有生动描写。盱眙十景中第一山就占有六景，留有第一山怀古、玻璃泉浸月、杏花园春昼、会景阁陈迹、瑞岩观清晓、八仙台招隐等古景观。此外，第一山下城中淮河两岸的沿淮风光带是第一山风景名胜区的重要组成部分，其主题是淮河文化。分滨河风光带游览区和宝积山山水景观游览区，共有草地六万五千平方米，名贵花木点缀其中。石径漫步，河山一览，长椅小憩，看百舸争流，遐思悠生。沿淮风光带充分展现了盱眙“城在山中立，水在城边绕，山水城相依”的绝妙特色。

明祖陵

明祖陵位于盱眙县管镇乡，洪泽湖西岸，距盱眙县城二十千米左右。号称“明代第一陵”，是明朝开国皇帝明太祖朱元璋的高祖、曾祖、祖父的衣冠冢。朱元璋一统天下后，于公元1386年在此地建祖陵，追封并重葬其祖父、曾祖父和高祖三代帝后，次年陵前建享殿。后泗洲城被水淹没时明祖陵也一并吞没在湖水之中。1963年洪泽湖水位下降，明祖陵遗址逐渐露出水面，遗物零乱地分布在全长两百五十米的中轴线上，其中有倒在泥水中的二十对石象、石马、华表等。据考证，大水塘下隐约露出的几个拱形门是墓穴，下面并排有六口棺木，当中是朱元璋的祖父母，两旁则是曾祖、高祖。六口棺材中装的都是蟒袍、玉带、凤冠霞帔，而朱元璋祖父母的尸体葬在离此不远的高埂上，当年修建陵墓时，朱元璋不敢移动其祖尸骨，怕挑断龙脉，坏了风水，因此在此地造了衣冠冢。1997年以来明祖陵几经修复，现周围已筑起两千七百零六米的防洪大堤，其中六百米危区段全部用块石护坡，四周栽上了松柏、水杉、梧桐等六万余株树木。明祖陵平面为长方形，前有神道石刻、棂星门以及金水河的三座石桥，后有神厨、宰牲亭、享殿、配殿等。现陵前尚保存的神道石刻有人牵马一对，麒麟两对、狮子六对、华表一对、文官七对、武士一对、马一对。正殿遗址处有石柱础近三十个，可以想象当时正殿的宏大规模。现在二十一对高达丈余的大型石刻已全部复位并修整一新，据考古专家介绍，石刻规模之宏大、刻工之精细、造型之优美、线条之流畅在国内少有。

明祖陵在湖水中沉寂了三百余年，如今重见天日，再度绽放出昔日的辉煌。2011年洪泽湖水位接近死水位中，明祖陵的地宫拱门甬道再度露真容，外罗城墙也露出水面。后为保护遗址文物，当地政府紧急调水进行灌注，使地宫重归水下。这一举措为明祖陵重新披上了神秘的面纱。

洪泽老子山

老子山又名“丹山”，位于洪泽湖南岸的淮安市洪泽县老子山镇。横贯西东的大别山余脉与千里长淮在此共同收势，为淮河入湖口岸，三面环水，形成河湖交汇、山水依存的人间佳境，这里以秀丽的湖光山色而闻名遐迩。北部是滩涂小岛，地势平坦；南部是低山丘陵。相传春秋时期老子在此山炼丹而得名，是一座道教名山。早在唐宋元明时期，由于地处南北交通水路要道，老子山就是个商业兴盛、文化发达、南北客商云集的繁华集镇。因此，这里名胜古迹甚多，据记载，有老子炼丹台、青牛迹、凤凰墩、钓鱼台、法花寺、犹龙书院等十景，可惜都毁于战乱，现仅存仙人洞、凤凰墩遗迹。近年老子山先后发现汉墓葬、东晋墓砖以及六朝时期墓葬，还有北宋莲瓣纹瓦当、高浮雕虎、狮首纹瓦当等珍贵文物，宋帝南渡时的御码头以及宋代淳祐塔地宫遗址等也在附近。老子山境内有大小滩头数十处，连同水面三十余万亩，自然资源极为丰富。灵寿溪穿岩而过，可荡小舟。岩外溪上拱立两座苔藻溢苍、古色斑斓的石桥，已有千年的历史。仙人洞洞高三十多米，宽约八十米，深两百多米。进洞五十米处，矗立着一尊乳石，石像须眉巾服，栩栩如生，酷似太上老君。相传老君游至此处，见风光美丽，欣然说道：“此洞天之绝胜也，山石离奇，溪原清邃，不复西渡流沙，我当隐焉。”于是化身为石，因此又叫老君洞，现在是全国道教圣地“三十六洞天”之一，另有“水月洞天”之称。洞内满壁题刻，仅宋碑就有十七块之多，其中岳飞麾下独臂将军王佐所题的“真仙洞”，字径尺半，笔力挺拔，而北宋元祐党人沈千曾孙沈所立的“元祐党籍碑”也尤为珍贵。洞中之景美不胜收，有天柱石星、金线吊葫芦、鹤岩旭日、群峰来秀、仙翁对弈等。另有一拔地而起的鼓形乳石，轻拍响如钟声，钟声上传，倒悬的石乳会马上回音，由近及远，回鸣不息，恰似拨动人的心弦。据说徐霞客也曾在此洞住过。景区还有水母井、下龟山等名胜古迹十余处。近年老子山的渔民风筝艺术节、渔民文化节、四月初八庙会等活动吸引了大量游客，其中渔民水上运动会在苏北地区堪称一绝。同时，这里的温泉也越来越受到游客的喜爱。洪泽老子山温泉是稀世天然资源，温泉水温高达六十三度，泉质优良，得天独厚，富含多种人体必需的微量元素。温泉阳光浴场展示出亮丽的南国风情，分布大型泳池和品类各异的水疗、鱼疗、花药浴、泥巴浴等，不仅具有神奇的理疗保健作用，还兼备排毒养颜、美白肌肤、调理身心等多重功效，享有“苏北热海”、“泽国仙境”、“华东首席温泉度假区”之美誉。

金湖荷花荡

荷花荡景区位于美丽的高邮湖畔，坐落在金湖县闵桥镇联圩内，总面积超过两平方千米。景区三面环湖，放眼望去，满眼的荷叶与亭亭玉立的荷花让人惊艳与震撼，是渴望绿色、回归自然、开阔胸襟、怡神养性的绝佳去处。荷花荡独特的生态自然风光和旅游资源优势打造出著名的“荷荡十景”，比如甓社珠光这样的湖上奇景，说的是在如墨的夜色中，湖中突显一匾大湖蚌，硕大珍珠光芒四射；还有海市蜃楼、临湖听涛、东湖观日……荷花荡目前已建成集旅游观光、休闲度假为一体的生态农业区。景区荡外有万亩养殖水面和捕捞水域，荡区为整齐划一的万亩连片荷藕，充分向世人诠释了“接天莲叶无穷碧、映日荷花别样红”的诗句，美不胜收。同时，荷花荡以其特有的人文背景展现诱人的风姿。唐朝宰相魏征在这里的东至庵留下墨宝；新加坡佛界大法师曹常恒在此出家；宋代诗人苏东坡中秋节行舟夜泊于此，把酒赏月留下许多故事和诗句。金湖县每年夏季会在这里举办荷花艺术节，增添了大风车、百荷园、咏荷碑等人文景点，让摇曳在水中的荷花仙子冰清玉洁，意欲飞天，还有水上茶楼、亭桥汊河、古寺佛光……更有金荷宴、金藕宴等让你在融入自然、融入绿色的同时享用绿色、生态美食。

古淮河文化生态园景区

古淮河文化生态景区位于古淮河以南、深圳路以北、河畔路以西、新长铁路以东。整个景区以古淮河生态公园为主体构成，采用半开放式、游憩式水体形式多样的亲水空间。景区以宁连路为轴，分为东区和西区。东区占地一千九百余亩，主要景点有：中国淮扬菜文化博物馆、中国西游记博览馆、长荣大剧院·荀派艺术馆、清河文化馆、清河城市馆、古淮楼·江淮婚俗馆、古淮河生态公园、青龙湖健身会所、清淮农家乐文化休闲街区、净潭广场、鸿禧广场、红娘广场等。西区主要建设古淮河文化广场、中国城市化史馆、淮安国际摄影艺术馆、七星商务岛、水幕电影、古淮楼、滑雪场、淮安运动乐园、拓展训练基地、真人 CS、战地酒吧、淮河老街、淮河古码头、房车露营营地等项目。其中，中国淮扬菜文化博物馆融合了中国庭园合院和中式园林风格，由河馆、菜馆、民俗馆、品尝馆和中国淮扬菜文化研究院五大功能区组成，是目前国内最大的主题性菜系文化博物馆。中国西游记博览馆是弘扬西游记文化、打造“创意清河”品牌的重要载体，它采用国内一流的声、光、电等手法展现神奇瑰丽的西游记文化。古淮楼·江淮婚俗馆中有“淮角楼”，始建于宋代，淮水至此转陡弯向南，后因战乱、水灾损毁。重建后的古淮楼采用层层叠檐升起的建筑风格，楼高逾十八米，地上三层，地下二层。站在古淮楼上，向北可览古淮河风光，南眺可将新区全貌尽收眼底，是观景览胜的绝佳地。江淮婚俗馆位于古淮楼地上一至三层，共分四个部分，即序厅、牵手厅、成双厅和偕老厅，再现传统江淮特色婚俗文化。长荣大剧院·荀派艺术馆以著名荀派京剧大师宋长荣先生的名字命名，剧院中的荀派艺术馆展现了荀派京剧艺术的源远流长以及宋长荣先生的艺术生涯，使游客更深刻地了解京剧艺术的无穷魅力，把握荀派京剧的文化脉络。古淮河生态公园总占地八百亩，公园充分利用原有地形地貌、天然植被以及人工意杨林，通过对古淮河文化底蕴的深入挖掘，打造出以原生态为特色，以古淮河文化为内涵的婚庆主题公园，分为婚俗文化观赏区、民俗风情体验区、同心同缘纪念区和古淮水系休闲区。目前，整个景区已建成中国婚庆文化产业基地、中国家庭人口文化教育示范基地、江苏省自驾游基地、省级文化产业园等。经常承办美食文化节，举办婚庆旅游文化节、冰雪狂欢节等重大节庆活动，知名度和美誉度不断提升。这里是淮安人利用现代造景技术打造出来的融文化、生态、名人典故于一体，传统与现代兼具的旅游、休闲、度假胜地。

淮安府署景区

淮安府署位于淮安老城楚州区东门大街，总督漕运部院以北。淮安府署楚州区建县于汉武帝元初六年（119），已有两千一百多年的历史。从晋代建山阳郡到清末的一千六百多年间，这里长期是郡、州、路、府的治所，管辖最大范围为九县二州，面积三万五千平方千米。淮安府署的建筑历史可以追溯到南宋时期，现存衙门原为南宋五通庙，元为沂郯万户府。明洪武元年，知府范中以元代淮安路总管府府署加以修葺为府署。洪武三年，新任淮安知府姚斌在城中选址，选中上坂街以北南宋五通庙和元沂郯万户府加以修建改造，作为淮安府的新府署一直沿用到清末。辛亥革命后，淮安府署为淮安县政府所在地，它是楚州历史地位的象征和见证。这里原有规模宏大，有房屋六百多间，分中、东、西三路。中路有大堂、二堂、六科用房等，其中大堂体量为全国之最，面积超过五百平方米；东路为迎宾宴客之所；西路为军捕厅。大门外有石狮、照壁、牌坊等。据地方史料记载，在府治后有志清堂，是宋楚州守臣孙虎臣书额；府治内是筹边堂，也为宋朝建的，据说当年“轮奂鲜明，甲于邻郡”。藤花厅后为厨房，厨房后为四桂堂，当为馔堂。府署内后部有一园，原名“偷乐园”，嘉靖年间有个叫张敦仁的淮安知府作过一篇《偷乐园记》，记中说：“堂之北有署，署之内有亭，亭有池，池之上有桥，亭之左右有桧、有槐。”“偷乐”之名即他所取，并立匾额于其中，其《偷乐园记》亦刻石其间。天启年间，淮安知府宋祖舜认为

“偷”字不雅，改为“余乐园”。历经几百年，古朴庄重的府衙大堂、二堂等建筑仍保存完好，且淮安府署的格局未变，这在全省乃至全国都是少有的。如今淮安府署与其前方的总督漕运部院、镇淮楼连为一体，窦娥巷设置书场茶馆、风味小吃、传统中医保健、地方戏曲、旅游工艺品等，南与府衙片区相联接。这里已成为国内最大的古代官衙景区，雄踞于古城中心，它是淮安历史地位的象征与见证。

楚州小吃

淮安古称“楚州”。地处淮河下游的淮安是淮扬菜的故乡。这里自古就是鱼米之乡，丰富的物产资源，为淮扬菜和淮安小吃的发展奠定了坚实的物质基础。淮安因拥有许多名小吃和淮扬名菜而扬名天下。蒲菜因抗金英雄梁红玉而出名；平桥豆腐因乾隆皇帝而名扬天下。淮点有三绝，说的就是蟹黄汤包、淮饺和烫面饺。其中，文楼汤包与常州、镇江并称江苏三大蟹黄名点。淮饺又称馄饨，根据熟制工艺不同可分为汤饺、炝饺与火饺。而烫面饺又称灌汤蒸饺，它是用开水和面加馅包制而成。淮点有三春，是指春卷雅号“金笛吹春”；油炸糕片美名“金蝶寻春”，玉兰片称之“金蟾戏春”。其中楚天宾馆的“四喜春饼”（即春卷）和“八宝烧卖”分别配以不同原料作馅心，使食客在饱了口福之时也体会到了淮安的饮食文化。老子号震丰园的炒米馄饨、文楼的涨蛋历久弥新。另外，淮安茶馓是当地妇孺皆知的小吃，至今已有两千多年的历史，它用面粉拉出细丝绕成环放入油中泡炸而成，宛若金线一般，酥脆咸美，又称“麻油馓子”，也是产妇的滋补圣品。

特色的小吃还有高沟的捆蹄、涟水的鸡糕、平桥的豆腐、老卤大头菜、鸡粥蒲菜、钦工肉园等。值得一提的是这里也做刀鱼面，但和镇江的制作工艺完全不同，它是将面粉和鱼肉和在一起制成面条，以追求面条的鲜美爽滑之感。有些饭店甚至推出了“刀鱼馄饨”等风味小吃。近年，这里的龙虾声名鹊起，几十种龙虾的做法不怕没吃到只怕没想到。

盐城篇

盐城地处苏北平原中部，东临黄海，西襟淮扬，南与南通接壤，北与连云港毗邻。汉置盐渎县，东晋安帝时更名为盐城县，以“环城皆盐场”而得名，海盐文化资源丰富。这里滩涂连绵，水草丰茂，鹿鸣鹤舞，是珍禽鸟兽的理想栖息地。这里涉海襟湖，水天一色，风光旖旎，是生态旅游的绝佳地。拥有世界级品质的湿地生态，东部沿海四十五万公顷湿地是亚洲大陆边缘面积最大、原始生态保持最完好的海岸型湿地。被誉为“金滩银荡”、“鱼米之乡”。盐城历史悠久，人文荟萃，具有丰厚的文化底蕴。这里大多数人口是历代江南移民后裔，素有“淮夷地”之称。古老的盐阜大地有众多的名胜古迹：市区有南宋丞相陆秀夫祠堂；明末书法家宋曹故居；大丰白驹镇是《水浒》作者施耐庵的故乡；东台西溪有北宋宰相范仲淹的“读书堂”；亭湖便仓有北宋宰相卞济手植的“枯枝牡丹”等。《三国演义》的罗贯中、《镜花缘》的李汝珍以及现代的乔冠华、胡乔木等名人均与盐城有不解之缘。盐城还是我国重要的革命老区之一，曾有“西有延安，东有盐城”之说，新四军军部旧址在此，这里拥有全国规模最大、资料最全、最具代表性的新四军纪念设施，是红色旅游经典景区之一。总之，海盐、珍禽、湿地和红色构成了盐城旅游文化特色，“东方湿地之都，仙鹤神鹿世界”成了这里的旅游名片。

盐城新四军纪念馆

新四军纪念馆坐落在盐城建军东路北侧，于 1986 年 10 月建成对外开放。新四军纪念馆由主馆区、建军广场、军部旧址三个部分组成。主馆区包括群雕、碑林、展厅、园林四个景区，占地五十多亩。进入纪念馆大门，广场东西两侧屹立着两组高五米、宽七米的高大的红色花岗雕塑，桥头两旁各有一座用整块汉白玉雕成的少先队员塑像，中心广场位置耸立着由李先念题写的新四军重建军部纪念碑，背面刻有黄克诚写的《盐阜会师记》碑文。碑前有喷泉，两侧碑廊分别陈列着老一辈革命家以及全国三十个省、市自治区和港澳台知名书法家作品的石碑一百二十余块。主馆区的展览大厅是一座现代化的建筑，造型体现新四军的“四”字。正面上方东西各有一幅“新四军盐城重建军部”和“新四军八路军会师”的花岗石阴雕画。两幅中间是新四军佩戴的“N4A”臂章图案。门前挂着李先念题写的“国民革命军新编第四军重建军部纪念馆”金字匾额。大厅里有新四军重建军部后的五位领导人陈毅、刘少奇、张云逸、赖传珠、邓子恢为主体的大型雕塑，正面巨幅屏风镌刻着毛泽东手书的《中国共产党中央军事委员会命令》。展厅内陈列着较为完整地、系统地反映新四军坚持华中敌后抗战的史料和文物，分七个部分展出。展览大厅还辟有新四军历史资料馆、音像馆和书画馆。建军广场位于建军路和解放路交界处，是市中心最繁华路段的中心。广场中间建有一个新四军骑马的铜像,又称“铜马广场”。这座以它为主体的新四军重建军部纪念塔成了盐城的城市标志。此外,位于建军西路上的新四军重建军部旧址,俗称“泰山庙”,是皖南事变后重建新四军时的军部所在地。新四军纪念馆现已成为爱国主义教育基地,是全国规模最大、资料最全、最具代表性的新四军纪念设施。

陆公祠

陆公祠坐落在盐城市亭湖区儒学街，是故乡人为纪念南宋末年左丞相陆秀夫的祠堂，建于明嘉靖年间。原先的面积很大，后因战争和失修，如今保留的格局是二十世纪八十年代重建的。一进为门厅，二进为仰止堂，三进为正祠堂，二进三进之间两侧有对称的东西厢房。大门外有中流砥柱坊，门厅有表忠亭，后又增建浩然堂。堂内设有陆秀夫塑像、画像和名人题写的匾额、挂联、诗词、碑刻和祭器等。抗战期间陆公祠一度被毁，新中国成立后在原址按原貌重建并于1984年重新修复。现前门上悬武中奇题“陆公祠”石刻横额，正殿仰止堂由刘海粟题名，供奉周振威创作的陆秀夫大幅绢画像。后院浩然堂为李敦甫题名，内悬张爱萍上将题写的“海岳忠贞”横匾，中为彭英创作的陆秀夫全身塑像，四壁为曹晋杰、吴继平合作介绍陆秀夫生平的二十四幅巨幅连环画。东、西厢房陈列陆秀夫的遗稿和遗墨等文物，极为珍贵。“社稷已墟尚有怀中六尺，君臣不死直从海底千秋”，陆秀夫在国家民族生死存亡之际“宁为玉碎，不为瓦全”的忠贞气节，七百多年来一直深深地感召着家乡人民。为了更好地纪念这位英雄，2008年再次扩建，向东扩至儒学街，共三进二堂，同时建设两座二层长楼，形成文化商业街，均为仿明清风格，与现有祠堂保持一致。陆公祠充分体现了陆秀夫在盐城人民心目中的地位。

大丰麋鹿自然保护区

江苏大丰麋鹿国家级自然保护区位于江苏省中部黄海之滨的大丰东南角林场内，地名叫“鸭儿荡”。这里的湿地七万八千公顷，其地貌由林地、芦荡、草滩、沼泽地、盐裸地组成，属于典型的黄海滩涂型湿地。这里孕育着生物种类繁多的动植物，具有全球重要意义的生物多样性，2002 年被列入国际重要湿地名录。二十世纪六十至八十年代，大丰沿海陆续出土了麋鹿的骨骼，引起了学术界的关注，经过大量的考证，确认包括大丰在内的苏北南部沿海是麋鹿的故乡。麋鹿俗称“四不象”，角似鹿非鹿，头似马非马，身似驴非驴，蹄似牛非牛，是我国所独有的。麋鹿原是苏北沿海的野生动物，历朝皆列为献给皇帝的贡品。殷末周初是其繁盛时期；秦汉时期由于气候条件的变化和人类滥捕数量急剧减少；到了元朝麋鹿仅生存于皇家猎苑之中；清代北京南郊皇家猎苑仅存两百多头麋鹿，这是当时世界仅有的麋鹿群，只可惜 1900 年八国联军攻陷北京，麋鹿也被抢劫一空。1901 年，英国的贝福特公爵用重金从法、德、荷、比四国收买了世界上仅有的十八头麋鹿，以半野生的方式集中地放养在庄园内，麋鹿这才免于灭绝。新中国诞生后，国内外专家学者多次呼吁“让麋鹿回归故乡野生放养”，并提出“建立自然保护区”的倡议。1985 年，国内外专家来大丰市沿海考察，选定了川东港以南的一片黄海冲积平原沼泽地，认为这里河海港汊蜿蜒交错，盐土沼泽星罗棋布，裸地、草地、芦苇、蒲荡、竹园以及刺槐林展现了海边的原始风貌。而且气候温和，雨量充沛，四季分明，无霜期长，是麋鹿最理想的放养地，于是选定大丰建立了麋鹿自然保护区。经过多年精心养护，目前园内有麋鹿三千多头。如今这里已初步建成具有海滨特色、以麋鹿为主、多种动物共存的海滨野生动物园。除麋鹿之外，园内被国家列为国家一级保护动物的还有丹顶鹤、白鹤、震丹雅雀和二级保护动物豹猫、赤腹鹰、牙獐等二十多种，其中震丹雅雀被列入世界濒临绝灭动物红皮书。保护区内还有其他留鸟、候鸟一百八十多种，木本植物九十多种和草本植物一百七十五种。现在中华麋鹿园拥有麋鹿观赏园、生物大观园、麋鹿文化园三大生态文化系列观赏区，并建成科技培训中心、科普展示中心、生态监控中心三大服务体系以及中华麋鹿瓷刻艺术馆。这座天然的海滨博物馆已经成为集爱国游、科普游、文化游、生态游“四游”于一体的特色景区。被国际休闲产业协会确认为“中国十佳湿地旅游目的地”；被中国城市管理年会授予“中国最佳生态环境保护十大自然保护区”；2011 年被列入“江苏最美的地方”五星景区。

丹顶鹤自然保护区

盐城丹顶鹤保护区为我国最大的海岸湿地保护区，是国家一级保护动物丹顶鹤最重要的越冬地，地处江苏中部沿海，辖东台、大丰、射阳、滨海和响水五县(市)滩涂。海岸线长五百八十七千米，总面积四十五万三千公顷，其中核心区面积十五万亩，是国家一类珍禽丹顶鹤的第二故乡。区内有着芦苇丛生的天然植被、丰富多样的海涂生物、人迹罕至的空旷宁静，是禽类生活的理想场所。这里地势平坦，气候温和，无霜期长，降雨量丰沛，日光辐射充足。历史上古黄河和长江都曾在保护区南北两端入海。滩涂北窄南宽呈带状分布，宽处可达十五千米。丹顶鹤保护区为里下河主要积水区，有十多条河流流经保护区入海，夏秋季多雨、多风暴潮，冬季多干旱。如今这里已成为科普的基地、物种的基因库、鸟类的天堂、天然的博物馆，保护区是生物多样性十分丰富的地区之一，区内有植物四百五十种、鸟类三百七十九种、两栖爬行类四十五种、鱼类二百八十一种、哺乳类四十七种。其中国家重点保护的一级野生动物有丹顶鹤、白头鹤、白鹤、白鹳、黑鹳、中华秋沙鸭、遗鸥、大鸨、白肩雕、金雕、白尾海雕、白鲟，共十二种。每年金秋十月，一群群丹顶鹤便从黑龙江齐齐哈尔市扎龙自然保护区成群结队飞到这里越冬，最多时有一千多只，占全球丹顶鹤总量的百分之六十以上。游人在此可以欣赏到成千上万来此越冬的鸟类，联想到“晴空一鹤排云上，便引诗情到碧霄”的意境。可以与鹤共舞、与鸵鸟赛跑、与孔雀比美、与天鹅争斗、与麋鹿散步，在“海洋世界”里探秘，在大自然怀抱里尽情地享受！

东台泰山寺

东台泰山寺即东台泰山护国禅寺，位于东台市西郊西溪镇晏溪河南、通圣桥下，是盐阜地区唯一保存完好的千年古刹。始建于宋嘉定年间，迄今八百多年，殿宇巍峨，气势恢宏，与唐海春轩塔遥相对应，形成唐宋风格的古建筑群，每年都吸引众多善男信女前来朝拜和观光。泰山寺占地面积三万九千平方米，殿房九十九间半。建有天王殿、东岳殿、地藏殿、碧霞宫四座正殿，碧霞宫中供奉着水神即泰山神女“碧霞元君”像。因碧霞元君为宋真宗所封“泰山之女”，又称“天妃”，故寺名称“泰山寺”，土山亦被称为泰山或天妃山。山前有石阶，拾级而上，山顶两边为钟鼓楼，楼阁高耸，檐牙翘角，翼然腾起，令人仰止。中间琳宫巍然，碧霞宫端坐其中，两厢为太上老君、关岳、华佗、神农、鲁班诸庙，故有一寺五庙之说。据说灾年之中这五神均化身凡人帮助过东台人，所以当时的人将他们同时供奉起来，这在国内寺庙中并不多见。此外，这里还建有四大名山堂，即一龛居中，四旁供奉了普陀、五台、九华、峨眉四大名山诸神像，让四方僧众足不出寺就可拜遍四大名山诸佛，了却夙愿，这在全国寺庙中也是绝无仅有的。千百年来，泰山寺历尽沧桑。清乾帝赐名“悟鱼堂”，慈禧太后御笔“岁岁平安”，宋名相范仲淹等历史名人留有《游碧霞宫》墨迹诗集，铁嘴铜牙刘庸亲笔条幅等均为寺藏珍品，此外还藏有汉代古刀、唐代方天画戟、古石狮、古山门石刻等众多文物古迹。如今，整修后的大雄宝殿、重建的天王殿、碧霞宫再现了昔日的古朴风姿，五十多尊金装佛像和大型玉佛庄严肃穆。除四大名山堂外，集贤馆、悟雨堂、和聊避风雨室、梵韵堂、钟鼓楼、观音殿等建筑的厅、堂、馆、室也古色古香。放生池、五爪河为泰山寺增添了自然景色。每日晨钟暮鼓，经声佛号，显示出“西溪塔影寒山月，东海钟声古寺风”的古刹风光。

盐城大纵湖风景区

大纵湖风景区位于盐都区大纵湖镇，距离盐城市区约四十二千米。湖面呈椭圆形，东西长九千米，南北宽六千米，总面积三十平方千米，是里下河地区最大、最深的湖泊，享有“苏北第一湖”美誉。据说大纵湖的成因与“宗保救母”有关，而“二十四孝”之“王祥卧冰求鲤”也出自这里。美丽的传说使大纵湖的自然美景与人文景观交相辉映。风景区首期开发面积超过三平方千米，建有入口广场区、水上风情区、历史人文区、佛教文化区、芦荡迷宫区、湿地生态区、渔业观光区、湖滨度假区等八个功能区。其中芦苇迷宫为全国之最。芦苇在清澈的湖面上绕来绕去，像一个八卦阵，目前已被上海大世界吉尼斯总部评为“中国之最”。近年新建了柳堡村、龙珠岛、人工沙滩、垂钓区、四孝石、七子岛、水乡民族风情馆、板桥书屋等景点，并对九曲桥、观湖楼等原有景区进行改造。大纵湖的“平湖秋月”以前就为“古盐城八景”之冠，如今“纵湖秋色”仍被列为“盐城新十景”之首。湖水清洌甘甜、水草丰茂、野鸟翔集、水产品极为丰富。历史人文景观有明末清初著名书法家宋曹的祖居、东汉末年文学家“建安七子”之一的陈琳墓、“扬州八怪”之一的郑板桥的教书馆等景点，人文资源十分丰富。已有近四百年历史的水上名刹龙兴寺几经沧桑，香火依旧旺盛，高达二十五米的苏北水乡第一佛的湖中观音圣像，彰显出佛教文化的无限魅力。大纵湖景景相连，清清湖水，绵绵绿草，已具有“湖荡绿洲、渔家水寨、苏北明珠、度假天堂”的胜境。

九龙口景区

九龙口景区位于建湖县蒋营镇，处于里下河腹地，南依苏南经济区和沿江经济带，特别是盐淮高速公路穿湖而过，给九龙口的旅游开发和建设创造了优越的条件与良好的机遇。九龙口自然风光有九楼倒影、荷港观鱼、绿波泛舟、晨雾轻纱等胜景。尤其是九龙戏水的奇观为海内外少见，即九条河流从四面八方向荡心岛蜿蜒汇集，汇合处就在九龙口，有九龙抢珠之势，又有九龙斗恶蟒的传说。登龙珠岛上的九龙楼放眼远眺，湖荡碧水，芦苇草滩，港汊交织，渔帆点点，气势恢宏，给人以“渔村临水风来阔，海国无山落日迟”的感受。九龙口及周边地区历史悠久，古迹荟萃，具有丰富独特的人文景观。有南宋陆秀夫读书处“景忠书院遗址”，宝塔镇建于唐代的朦胧塔，庆丰镇有著名外交家乔冠华故居，还有五谷奇树、晋东海王墓、收成十景等古迹遗址。阳春三月，芦芽出水一片嫩绿，娇鲜欲滴，一望无际，远与天接。春夏之交，万亩苇滩露珠滴翠。炎炎夏日，菱叶浮波嵌碧玉，映日荷花别样红。九龙口湖水为国家一级水质，被专家誉为“里下河的明珠”，有“水乡西湖”的美称。

海盐历史文化景区

海盐历史文化景区位于盐城市区串场河东侧、开放大道以西、东进路和滨河路之间。盐城因盐得名，因盐置县，因盐兴城。勤劳智慧的盐城人民在海盐长期生产、加工过程中创造了辉煌璀璨的海盐文化，这种文化已在盐阜大地上传承了两千多年，成为盐城这座城市的文化之根。盐城海盐历史文化景区的建成是对历史的传承和盐城风土民情的展示。景区包括中国海盐博物馆、盐渎公园、盐镇水街、水城、东进路美食街、娱乐街等。其中中国海盐博物馆是全国唯一展示海盐文明的海盐博物馆。盐渎公园位于市区中心地段，与古老的运盐河即串场河水脉相连相通，是市区最大的综合性水绿生态公园，彰显了盐城“水、绿、盐”的特色。盐镇水街上的大宅门占地面积约两万平方米，共有三进，是整个水街景区占地最大的一组建筑。整个建筑风格仿古，包含大宅门、天水广场和驿水酒家三大片区，建有水云阁、漂舟戏苑、瀚墨阁等特色景点和部分商业店铺，安排有水上游船和陆上游览线路。在串场河边的环形码头乘坐木篷船，经水路入口穿过横跨水街景区最南侧的“水城门”，就进入水街，沿街分布着五十多家商铺集中了与海盐文化相关的盐城特色旅游商品。木船经过“漂舟戏苑”、“老周茶社”、“翰墨阁”和“水云阁”，最后到达位于水街北端的盐商宅院大宅门。你可以在这里划划船，听听戏，尝尝地方小吃，看看民间绝活，买点旅游工艺品、土特产和文房四宝等，领略海盐文化风韵。这里是集餐饮、休闲、会所和度假功能于一体的休闲度假区。景区内每年元宵节期间举办新春灯会，游人如织，欢腾喜庆，煞是热闹，灯与影、人与水共同淹没在浓浓的乡土风情之中。

盐阜小吃

盐城又称“盐阜”。悠久的历史造就了盐城源远流长的小吃文化。在这片富饶的土地上，勤劳的盐城人民不断地制作出做工精细、风味独特的美味小吃。由于盐城地处黄海之滨，因此渔业资源丰富，东台的鱼汤面至今已有两百多年历史，汤选用多种鱼骨做原料，所以汤稠如乳，面白细匀，鲜而不腻，上世纪初即被列入《中国小吃谱》。另一个有两百年历史的就是建湖的藕粉圆子，它的特点在于馅皮不掺任何糯米粉，完全用上等藕粉制成，外层圆滑透明，富有弹性，呈咖啡色，配以丰富的馅心，清甜爽口，唇齿留香。由于这里的海滨多为滩涂，所以周边野生资源丰富，当地人因地制宜制成了野鸭灌汤包和伍佑醉螺及大纵湖醉蟹等特产。面点方面，最有名的还有阜宁大糕，又名“玉带糕”。具有色白、片薄、细软、香甜等特点。其次要算伍佑糖麻花，俗称“油绳”，这种麻花素以香、甜、酥、脆闻名，状如双龙盘旋，小巧玲珑，入口油而不腻。此外还有东台裕德昌的参燕八珍糕、形似老虎脚爪的金刚麒等。盐城人擅长制饼，品种繁多。有大冈脆饼、阜宁的擦酥饼、哈鹿鸣清真菜馆的油麻饼，以及草炉饼等。其中最讲究的要数鱼饼，它的制作方法是在剖开的鱼肚中放入猪肉等做馅心，再将其裹上面粉、鸡蛋清和水放入锅中煎熟，淋上麻油、香醋，食之外脆里嫩，叶鲜可口，被列入《中国小吃》。

扬州篇

扬州市地处江苏中部，江淮平原南端，长江北岸。南部濒临长江，北与淮阴、盐城接壤，东和盐城、泰州毗邻，西与安徽天长、江苏南京、淮阴交界。由于地处长江和淮河之间，在远古时期这里就有古生物和古人类活动。自公元前486年吴王夫差开邗沟、筑邗城至今，扬州建城已经两千五百年。著名的京杭大运河纵贯其境，唐朝就成为海上丝绸之路的著名港口。这里风光秀丽，素有“竹西佳处，淮左名都”之称，是首批公布的二十四座历史文化名城之一。这里有中国最古老的运河，汉隋帝王的陵墓，唐宋古城遗址，明清私家园林，中国最著名的湖上园林瘦西湖，千年古刹大明寺，何园，个园，高邮盂城驿，普哈丁园，龙虬庄古人类遗址等等都是值得一看的地方。扬州被称为“中国的月亮城”，扬州的月色美，赏月的地方也多。正所谓“天下三分明月夜，二分无赖是扬州”，还有“二十四桥明月夜，玉人何处教吹箫”。众多的人文景观、秀丽的自然风光、丰富的旅游资源，成就了“烟花三月下扬州”的美名。此外，扬州旅游口福是少不了的。这里是淮扬菜的发源地，不仅菜的味道好，点心、小吃也十分地道，直叫人才下舌尖，却上心头。

瘦西湖景区

瘦西湖位于扬州市北郊维扬区大虹桥路上，是扬州蜀冈山流出来的一段天然河道，最终汇入京杭大运河。原是唐罗城、宋大城的护城河遗迹，经过历代的疏浚治理、建造园林，逐步发展而成一处景观。乾隆极盛时期沿湖有二十四景，他与康熙均六次南巡来此，每次对这里景色赞赏有加。瘦西湖与西湖只差一个“瘦”字是有溯源的，因文人们慕西湖的美名，鉴于这段河道的瘦长，于是在前加了一个“瘦”，传神而又贴切，更赋予了这段河道一个少女般的秀丽与婀娜，“两岸花柳全依水，一路楼台直到山”。瘦西湖全长四千三百米，宽不及一百米，清瘦狭长，长堤、园林、桥梁、亭阁、古塔依循河道的自然走向，张弛有度、疏密有致地呈现在游人面前，常常是在一段曲折的水路尽头，眼前豁然有开阔的景致，加上历代的文人墨客留下的诗篇无数，更让这一带湖水盛名天下。瘦西湖景区从御码头开始沿湖过冶春园、绿杨村、红园、西园曲水，过大虹桥、长堤春柳至徐园、小金山、钓鱼台、莲性寺、白塔、凫庄、五亭桥等再向北至蜀岗平山堂、观音山止。湖长十余里犹如山水画卷，其间既有天然景致又有扬州园林。另有长春、琴室、木樨书屋、棋室、月观、梅岭春深、湖上草堂、绿荫馆、吹台、水云胜概、二十四桥景区等景点。其中，五亭桥不但是瘦西湖的标志，也是扬州城的象征。它建于清乾隆二十二年，至今已有两百多年的历史。近年，瘦西湖又把万花园、傍花村、宋夹城河湿地公园以及汉广陵王墓博物馆也并入了瘦西湖景区。整个景区游览的最佳方式是坐船赏景与舍舟登岸相结合，走走停停，一会儿在水上欣赏岸边美景，一会儿在岸上眺望湖中胜境。每个不同的角度都会给人带来不同的感受与遐思，这种思绪的丰满、厚实与“瘦”字形成鲜明的反差，也许这就是游的乐处。

个园

个园位于扬州广陵区盐阜东路，南临扬州著名古街东关街。始建于清嘉庆年间，原为两淮盐总黄至筠的私家园林。因主人喜欢竹子，以竹之本固、心虚、体直、节贞、有君子风度而羡之，所以取竹字的偏旁“个”字做园名。另一说缘于竹子顶部的每三片叶子都可以形成一个“个”字，在白墙上的影子也是“个”字。园内植有品种繁多的竹子，与叠石相互呼应，其间有楼、台、厅、轩相连，小巧而不失风韵，流连其中妙趣横生。扬州以名园取胜，名园以叠石取胜。个园也不例外，叠石立意精巧，造园工匠选用不同材质的石头营造出春夏秋冬四组景致，人称四季假山。其中春景在“个园”月洞形园门两侧，竹丛中选用石笋插于其间，取雨后春笋之意；夏景在园西北，东与抱山楼相接，浓荫环抱的荷花池畔叠以太湖石，使人感到水的气息和清凉；秋景在园的东部，用的是粗犷的黄山石，峰峦起伏，高达五十米，登上眺望有秋高气爽之感；冬景位于南墙之下，用白色的雪石堆砌，象征隆冬白雪。这组四季假山被我国园林泰斗陈从周先生誉为“国内孤例”。另外，园中正前方的“宜雨轩”四面皆窗，可一览园中全景。园后方的抱山楼上下楼各有七楹在国内有相当名气。楼下走廊的南墙上还嵌有刘凤浩写的《竹园记》刻石，文化底蕴相当浓厚。个园是扬州目前保存最完整，历史最悠久、最具艺术价值的古典园林。它是扬州旅游的首选景点之一，与北京颐和园、承德避暑山庄、苏州拙政园并称“中国四大名园”。

何园

何园原名“寄啸山庄”，位于古运河畔的徐凝门街，为清光绪年间道台何芷舠所造，故名“何家花园”，简称“何园”。这里是扬州尽人皆知的园林，也是扬州私家园林中的压轴之作。何园规模庞大，面积一万四千余平方米，建筑面积占了七千余平方米，密度极高。因建于晚清，所以园林建筑设计和材料已充分吸收了西洋建筑的审美情趣，是一座西洋与中国古典风格相融合的中西合璧式园林建筑。全园可分东园、西园、园居院落、片石山房四部分，以两层串楼和复廊将前后住宅连成一体。这里以西洋风格的二层小楼为主体，但屋顶却为中式飞檐。这里特色建筑之冠当属享有“天下第一廊”美誉的一千五百米复道回廊，构成园林建筑四通八达之利与回环变化之美，这在中国园林中绝无仅有，被业内专家称为中国立交桥的雏形。其次，回廊上的“观园镜”被称为“天下第一窗”，可通观全园景色，给人以“山外青山楼外楼”的景观印象，充分体现了建筑艺术与自然景物融为一体之美。何园的第三个“天下第一”是在西园池中央的水心亭，它是中国仅有的一座水上戏台，被称为“天下第一亭”。何园第四个也是最后一个“天下第一”在片石山房，它是该园林以湖石取胜的点睛之笔。片石山房门楣上的“片石山房”额是明末画坛巨匠石涛和尚的墨迹，而片石山房“天下第一山”则是石涛叠石的“人间孤本”。此园的设计以石涛画稿为蓝本，顺自然之理，行自然之趣，表现了石涛诗中“四边水色茫无际，别有寻思不在鱼。莫谓池中天地小，卷舒收放卓然庐”的意境。片石山房东南有一座楠木厅，是何园保存年代最久的建筑，距今有四百多年历史，同时也是扬州保存最大、最完整的一座楠木厅。何园集扬州园林的精髓，又采西洋建筑元素之长，中国当代古建园林专家对何园独特的造园手法倍加赞誉，称它为“江南园林中的孤例”，园林泰斗罗哲文先生还专门为何园题词“晚清第一园”。

大明寺

大明寺位于扬州西北郊蜀冈风景区之中峰，初建于南朝宋孝武帝大明年间，故称“大明寺”。隋仁寿元年(601)文帝杨坚六十寿辰，诏令在全国三十个州内立三十座塔，以供奉舍利(佛骨)，其中一座建在大明寺内，称“栖灵塔”。塔高九层，因寺从塔名，故“大明寺”与“栖灵寺”并称；又因大明寺在隋宫、唐城之西，亦称“西寺”。唐天宝二年(743)，大明寺律学高僧鉴真大师应日本僧人荣睿、普照的邀请，为弘扬佛法首次筹划东渡日本。其后历经十年艰险，先后五次失败，终在753年东渡日本成功，鉴真大师为中日友谊开辟了新的篇章。大明寺由大雄宝殿、平远楼、平山堂、御园、鉴真纪念馆、栖灵塔、天下第五泉等组成，是集佛教庙宇、文物古迹和园林风光于一体的游览胜地，古有“扬州第一名胜”之说。大明寺著名景点有“淮东第一观”石刻，嵌于大明寺山门外东偏壁上，立于雍正年间，知府提议用宋代著名诗人秦少游赞颂大明寺景观的“游人若论登临美，须作淮东第一观”句意书刻，字由金坛书法家蒋衡书写。大明寺内的平山堂始建于宋仁宗庆历八年(1048)，当时任扬州太守的欧阳修极欣赏这里的清幽古朴，于此筑堂。山堂于元代曾一度荒废；明万历年间重新修葺；清咸丰年间山堂毁于兵火，重建于清同治年间(1870)。坐在此堂上，江南诸山历历在目，似与堂平，平山堂因此而得名。平山堂是专供士大夫、文人吟诗作赋的场所。宋代叶梦得称赞此堂“壮丽为淮南第一”；雍正和乾隆在此题过诗句；清代书法家邓石如的篆书石刻也保留在寺内；当代星云大师多次拜谒大明寺，并大力支持鉴真学院的建设。寺内前院有一株高丈余的琼花树，春天花开白如玉盘，有“扬州琼花，世间无双”之誉。鉴真纪念堂是大明寺最有特色的建筑，包括碑亭、长廊和纪念堂三部分。其中碑亭中立有汉白玉须弥座横碑，下面为郭沫若手书；背面为赵朴初所撰，被誉为当代“三绝碑”。纪念堂则带有浓郁的日本建筑风格，显得格外肃穆、大气。此外大明寺的素菜馆在众佛教信徒中的口碑也相当好。

凤凰岛生态旅游区

凤凰岛生态旅游区位于扬州市广陵区东北郊的泰安镇凤凰岛，在著名的江都抽水机站和万福闸之间的北部，距市区约十二千米，岛屿面积六平方千米。旅游区共有“七河八岛”组成，水域面积一百三十八平方千米，陆地面积三十五平方千米。这里是观光休闲与绿色生态旅游的理想选择地。凤凰岛具有奇、秀、绿、幽等特点，拥有水、湖、岛、林等自然要素，有利用天然的湖面放养野鸭、天鹅等多种水禽的水禽园、林中栈道、跨河索桥、观鸟平台、垂钓中心、御码头、放鸽广场、缤纷雕塑等景点。其中聚凤岛在凤凰岛生态旅游区的八个岛中是最小、最具原生态韵味的湿地小岛，形状从空中鸟瞰像一只脖子埋在翅膀之中的天鹅静卧在碧波之上，河、塘、荡、滩等地貌俱全。岛上杂树林立、藤蔓婆娑、野草丰茂，是白鹭、野鸭等候鸟的常年栖息地。聚凤岛是江淮之间河湖相连之处一个典型的湿地标本，它还原了大自然的本来面貌，是动植物的天然伊甸园。附近还有敕赐护国禅寺和归江十坝遗址。敕赐护国禅寺始建于清乾隆年间，为乾隆下江南巡游时御笔所赐，位置在壁虎岛附近，现移至旅游区大门西侧之邵伯湖高岸重建。内设山门殿、圆通宝殿、东西配殿、都天庙、关帝庙和凤凰塔等。归江十坝遗址为清康乾时期所建，地处邵伯湖南部的湖口，通过十个大坝调节水位，集灌溉、防洪、通航诸多功能，被誉为中国古代水利史上和四川都江堰、广西灵渠以及新疆坎儿井齐名的四大人工水利枢纽工程之一。此外这附近还存有古东湾坝遗址。凤凰岛生态旅游区的休闲项目众多，有凤凰阁、凤凰台（喝花坊）、瓷韵山庄、水岸咖啡吧、乡村烧烤、露营地等；参与性项目有：越野车、跑马场、丛林飞鼠、激光战船、动力伞以及游轮、画舫、快艇、摩托艇等组成的水上俱乐部。凤凰岛生态旅游区是扬州市区目前唯一的一家生态休闲度假类景区，也是《还珠格格》的外景基地，更是华东地区保存最完好的原生态旅游区之一。

茱萸湾风景区

茱萸湾风景区位于扬州东部历史文化遗存丰富的湾头镇。湾头镇是一座有着两千五百多年历史的运河古镇，它夹在京杭运河与芒道河之间，北接邵伯湖，西濒京杭大运河，东连江都市政府所在地。因此地北有茱萸村，遍植茱萸树，古运河至此转弯，故“茱萸湾”始得名。西汉时成为盐运、漕运的必经之地；隋炀帝开凿大运河后成为水路进入扬州的门户和重要港口，隋炀帝三下扬州必经此地。到了盛唐时期，这里更是风景秀丽，历史上许多著名诗人都来此描写过这一带的景色风光。如今这里是动植物的王国，茱萸湾公园千顷绿地由诸多绿色植物自身作围合元素，构成了一幅幅巧夺天工令人心醉的植物美景。诸如荷风曲桥、梅山春深、芍药婵娟、寒梅傲雪、茱萸古韵等。建有季节特征明显的植物林带，比如雪松林、柿子林、竹林等，以及各类花卉观赏园。茱萸湾春有茱萸、春梅、桃花、樱花、牡丹、芍药、琼花，夏有荷花、紫薇、茉莉、月季，秋有桂花、红枫，冬有蜡梅。这些典型植物、美景庞大的体量不同于传统的私家花园占地较小的局限性，它们构成水墨画般的整体效果，带来的是惊艳与震撼。由植物自身围合的局部空间叠加，却又大于整体的空间效果，让人能够真正体验到那种绿杨城郭的如梦意境。千顷绿地点缀的亭台楼阁十分巧妙地掩映在“绿海”之中，有茱萸宝塔、茱萸轩、古航标灯柱、聆弈馆、碑亭、宋井、第一丛林等，这些人文景观以藏为主，偶露芳容，传承华夏造园技艺又合乎时代潮流，是当今生态园林展现植物形体美、线条美、色彩美的佳作名园。正是由于植物美景对四时相序表现出的非亭台楼阁那样的人工痕迹和时代烙印，这种简单、本真却有着异常强大的感染力和生命力。景区内建有华东地区一流的动物散养观赏区，分别有猛兽区、食草动物区、宠物区、猴岛、水禽鱼类观赏区、鹤生态园、海狮表演馆、猛兽表演馆等。区内坐山造势、小桥流水、植物点缀，合理配置植物品种，自然朴素，山林野趣，游客可零距离与动物接触。事实上，越接近动植物的自然本质就越受到自然的熏陶，这正是茱萸湾生态园林公园独特的魅力。现在，环岛还建有八千米的运河风光带，中国最古老的运河风光尽收眼底。每到重阳登高时，便会在此想到王维“遍插茱萸少一人”的诗句。茱萸湾风景名胜区是一座融自然风光、人文景观、动植物观赏和现代游乐为一体的半岛生态型游乐园，每年有冰雪大世界和冰雕艺术节。这里是孩子们的天堂、青年人的浪漫之地。

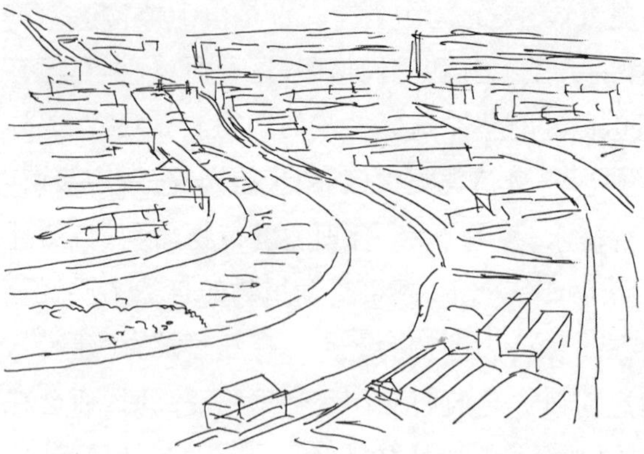

扬州古运河风光带

扬州现在境内的运河与两千多年前的古邗沟路线大部分吻合，是指隋炀帝开凿的那一段，从瓜洲至宝应全长一百二十五千米。其中，古运河扬州城区段从瓜洲至湾头全长约三十千米，构成著名的“扬州三湾”。这一段运河最为古老，可谓历史遗迹、人文景观众多。扬州古运河水质清澈，穿城而过，沿岸古迹林立：从长江入口处开始，沿岸有瓜洲古渡，有世界四大宗教活动的著名场所，如西汉道教的琼花观；隋代佛教高旻寺；宋代伊斯兰教的普哈丁墓园和清代的天主教堂。有反映扬州古港、水利和城池建筑的遗址水斗门、龙首关、东关古渡、古湾头闸和盛唐海上丝绸之路的渡口扬子津，有古代帝王巡视扬州留下的遗迹，如瓜洲古渡锦春园、高旻寺行宫御园和龙衣庵等；有体现扬州盐商住宅群落的个园以及汪氏小苑等。附近的文峰塔、凤凰岛、新老运河的分水岭茱萸湾、鉴真东渡码头宝塔湾等，它们都以运河为背景，甚至因运河而生。水线再向北延伸可顺游古驿站高邮、莲藕之乡宝应等。如果在东关古渡换上小船沿着“乾隆水上旅游线”还可以悠悠地向蜀冈瘦西湖风景区荡去，领略维扬春色。在古运河缓缓前行，穿越时光的隧道，从春秋、两汉、隋唐到宋元、明清，感受扬州深厚的文化底蕴。古运河沿岸不仅有古迹散落其间，街市的繁华景象、两岸的民俗文化、市民的生活和运河本身犹如《清明上河图》的长幅画卷展示于人们面前。

夜晚的古运河可以说是扬州最瑰丽的天堂:码头、桥头堡或桥栏杆、桥洞,上下内外全是七色流彩。运河东岸五彩的光柱分层次地投射到河道、岸堤、杨柳、城市建筑,城市、公园被点缀成花海灯火的海洋,岂止是“烟花三月”之美能比。而月色下的古运河更有别样风韵。从南门遗址到五台山大桥,皓月当空,波光粼粼,不由让人想起那句经典的联语:“空中月,水中月,月月有朋同赏月。”运河哺育了扬州,是扬州的根。没有古运河就没有扬州古城,扬州古运河是扬州城的“母亲河”,扬州是唯一与中国古运河同生共长的城市,是天下独一无二的“运河城”。

文昌阁

文昌阁位于扬州汶河路、文昌路交会处，俗称“文昌楼”，学名“文汇阁”。建于明代万历十三年(1585)，因是扬州府学的魁星楼，所以名为“文昌阁”。文庙建筑历经沧桑，已陆续损毁，现在仅余文昌阁，且为清代遗物。阁高约二十四米，是八角三级砖木结构建筑，居于道路中央，与北京天坛的祈年殿相似。阁的底层四面辟有拱门，与街道相通。阁的第二三层，四周皆虚窗，可输转开关，顶为圆形攒尖式，上盖筒瓦。这里附近原有文津桥，后因汶河水道久淤，五十年代填河筑路，文津桥埋于地下，文昌阁则立于广场地面。因为它处在扬州市中心，又是扬州最繁华的商业圈，所以登楼四眺，远近街景尽收眼底。旧日阁上悬有“邗上文枢”匾额，并供有文昌帝君，寓昌明儒学文化之意。每到节庆之夜，阁上彩灯辉耀街衢，成为扬州闹市的一处佳景。如今，处在现代化高楼林立之中的文昌阁依旧是扬州城市的标志性建筑。同时，文昌阁与四望亭相望，西与唐代石塔相对，三个古建筑为扬州市中心浓郁的商业气息注入了古朴、厚重的文化氛围。虽然文昌阁内部没有对外开放，但这却是个可近距离欣赏的免费人文景观。

文峰塔

文峰塔位于扬州城南古运河东岸文峰寺内，始建于明万历十年(1582)，由僧人募建。清康熙年间因地震塔尖坠地。咸丰三年(1853)在塔心基础上修复。该塔为砖木结构，七级八面，高四十米。据说比原先有所增高，塔如孤峰耸立，直入云霄，似可镇江淮之水，收吴楚之胜。塔底层柱上有精美的雕刻与彩绘，塔刹又短又细。塔内尚存长形石碑一块，刻有“文峰禅寺”四个大字。登顶可南望大江，北眺蜀冈，绿杨城廓尽收眼底。此塔最宜登高远眺，俯视塔下寺庙静谧安详，与流淌的运河形成动静对比。不远处有一荷花池，塔影倒映运河之中，荷池居于绿荫之间，恰似一笔一砚，互为借景。北眺，古城旧貌新颜；南望，长江静如白练。一城一河把扬州装点得分外妖娆。该塔为扬州城标志性古建筑之一，也是水陆交通进出扬州的标志。夜幕降临时高处点灯，为南来北往船只导航，“送夕阳，迎素月”成为扬州城市一景。文峰塔下的文峰寺古往今来就是扬州塔、寺、园合一的特色景点。寺庙周围原来叫做三湾子，据说唐鉴真大和尚第二、四、六次东渡日本均由此入江，这里也是康熙、乾隆几次南巡的必经之地。

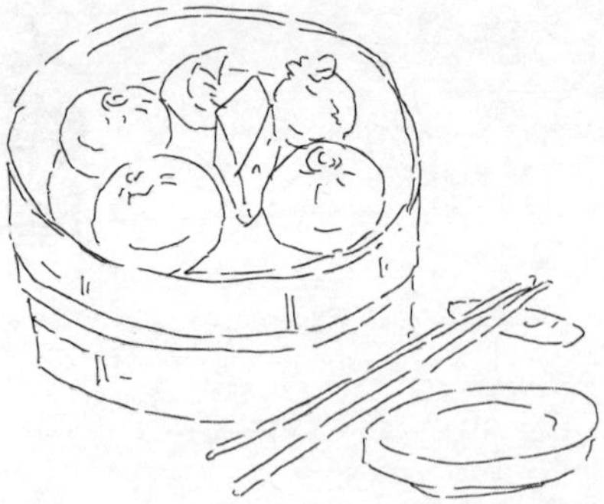

维扬小吃

扬州又称“维扬”。作为著名历史文化名城、旅游胜地的扬州，这里的美食更是遐迩闻名，尤其是扬州的小吃，历史悠久，风味独特。扬州小吃始于汉，兴于唐，全盛于明清。由于扬州是淮扬菜的代表城市之一，选料严格，刀工精细，注重本味，讲究火工。因此扬州的小吃多讲究原汁原味，少了些苏南的甜糯，以追求清淡、鲜香，擅长做包馒类、面饺类小吃。最富盛名的要数共和春的虾籽饺面、扬州干丝和富春的包子。饺面又叫馄饨面，因当地人喜欢把馄饨叫做饺子，就在面条中放些“饺子”，再用这里特制的虾籽酱油调汤而成。筋道的面条裹着鲜美的馄饨和粒粒黑色的虾籽，那种平淡之中带出的惊喜真的无以言表。扬州干丝最讲究的是刀工，一片普通的白豆腐干可被分成十七层后切丝，根根细如发丝，它的吃法有两种：一种是煮干丝；一种是烫干丝。口味均清淡爽口，极富营养。扬州的包子品种堪称全国之最，其中富春茶社以三丁、五丁、七丁最为著名，干菜包子、野鸭菜包、翡翠烧卖、千层油糕也很受食客欢迎。小小的包子在扬州人手中搭配不同的馅心幻化出了琳琅满目的花色品种，真的反映出扬州饮食文化的独具匠心。扬州宝应县素有“荷藕之乡”之称，这里的全藕宴非常有名，其中一道小吃叫藕粉饺很有特色。它是以藕粉为主要原料制成的蒸饺，既饱口福又有清血补养的食疗效果。当然高邮的咸鸭蛋和秦邮董糖也出名。也许因为扬州小吃太多、太好吃，所以坊间有关“十佳”的版本很多，十佳风味小吃:扬州饼、蟹壳黄、笋肉锅贴、鸡蛋火烧、萝卜酥饼、咸锅饼、鸡丝卷、三鲜锅饼、桂花糖藕粥和三色油饺。十佳特色小吃:四喜汤团、生肉藕夹、豆腐卷、笋肉小烧卖、赤豆元宵、五仁糕、葱油酥饼、笋肉小烧卖、虾籽饺面和黄桥烧饼。这里的大多数品种都可以在富春茶社、共和春酒家、菜根香饭店、绿扬村、福满楼、扬州大酒店等老字号品尝到。事实上,无论是名点、风味小吃还是特色小吃,我们都能看出扬州人在吃上的用心和肯下功夫,“民以食为天”,从中我们也品尝到了扬州人在平常和平淡中创造出的不平凡。

镇江篇

镇江位于江苏省中部，长江下游南岸，西接南京，东邻常州，北与扬州隔江相望，是一座具有三千多年历史的文化名城。隋唐时期镇江称润州；宋徽宗政和三年，因此地背江面山，形势险峻，镇守江防得天独厚，遂取名“镇江”，一直沿用至今。镇江枕山濒江，风景优美，素有“城市山林”之美誉，其旅游资源十分丰富，有“四山、四塔、四个第一”之称。“四山”是：绮丽的金山，雄伟的焦山，险峻的北固山，神秘的南山。“四塔”是；江天禅寺的慈寿木塔，甘露寺的卫公铁塔，西津古渡的昭关石塔，鼎石山的僧伽砖塔。“四个第一”是：北固山“天下第一江山”，中泠泉“天下第一泉”，多景楼“天下江山第一楼”，凌云亭“江山第一亭”。历史上许多著名人物如三国的刘备、南宋名将梁红玉、大诗人李白、苏轼等都在镇江留下了足迹。南朝文学理论家刘勰和北宋沈括分别在这里完成了巨著《文心雕龙》和《梦溪笔谈》。

金山

金山位于镇江市区北部，距离市中心三千米，山高四十四米，周长五百二十米，为江南的一座名山，现辟为公园。园内陆水相连，泉、湖、洲、园、寺等相得益彰，呈现出一幅“楼台两岸水相连，江北江南镜里天”的诗情画意，自古就是我国的游览胜地之一。金山上约有二十多个景点，除建筑独特的金山寺外，还有慈寿塔、白龙洞、留云亭、妙高台、玉带桥、御码头、古法海洞，附近的中泠泉也都十分有名。每一个景点都经过人工精心的雕琢和巧妙的安排，自然与人工融为一体，使金山的风光更加美丽多姿。金山寺是中国著名寺庙，始建于东晋，原名泽心寺，唐以来通称“金山寺”。寺庙规模宏大，鼎盛期和尚三千多人，僧侣万余人。清代金山寺与普陀寺、文珠寺、大明寺并列为“中国四大名寺”。寺庙依山而造，殿堂楼台层层相接。从江中远望金山，只见寺庙不见山，素有“金山寺裹山”的说法。寺内有建于一千四百年前的慈寿塔，又叫金山塔。在塔下的屋内陈列着“金山四宝”，即苏东坡的玉带、周鼎、金山图和铜鼓。金山的西南面有唐代名士刘伯刍所誉的“天下第一泉”，即中泠泉，泉水清香甘冽，有盈杯不溢之说。金山具有丰富的人文景观和浓重的神话色彩，也被称做是神话山。历代传世文物和名人遗迹、民间传说多不胜数。家喻户晓的《白蛇传》中“白娘子水漫金山寺”神话故事即缘于此，而破坏白娘子与许仙美满婚姻的法海就是金山寺的和尚，现金山寺中还存法海、白龙两洞。小说《说岳金传》中岳飞到过的金山古迹“七峰亭”景色宜人，又有《水浒》中“张顺夜伏金山寺，宋江智取润洲城”一回中对金山瑰丽风景的描写。寺以故事出名，镇江也因金山名扬天下，金山景区是镇江游览的首选之地。

焦山

焦山位于镇江东北面的长江中，山高七十一米，又名“樵山”，是万里长江中唯一一座四面环水、可供游人观光探幽的岛屿。它犹如中流砥柱，又宛若碧玉浮江。由于扬子江北坍南涨，现在的焦山已接近南岸，从镇焦路坐轮渡上岸不久就会到达焦山的主建筑定慧寺。“焦山有座寺，藏在山凹里，不见形势，谓之山裹寺。”这是施耐庵在《水浒》中对焦山定慧寺景观特点的描述。定慧寺原名“普济禅寺”，是江南最早的寺庙之一，清朝康熙皇帝南巡经过焦山时亲自题写了寺名匾额。与一些名山大川相比，焦山并不显得高大突出，但它有其独特之处，那就是遐迩闻名的“江南第一大碑林”，即“焦山碑林”。在定慧寺东观阁的北面，有北宋初年所建的宝墨轩，这里珍藏了四百六十余方碑刻。气势磅礴的摩崖石刻和碑刻艺术使焦山成为蜚声海内外的书法之山。焦山碑刻，篆、隶、草、行诸体皆备，风格迥异，或苍古峭拔、纵逸奇深，或严整舒朗、浑然厚重，真可谓汇千年古刻之隽美，融百家书法之精神。有“碑中之王”、“大字之祖”之称的旷世奇碑——瘗鹤铭就出自焦山。北有《石门铭》，南有《瘗鹤铭》，焦山碑林与西安碑林一南一北，各领风骚。有人说西安碑林是雄浑的黄河文化的象征，而焦山碑林则是清奇的长江文化的凝结，它拥有更多人文个性的张扬。山不在高，有仙则灵，焦山的神仙就是东汉隐士焦光。东汉末年，焦光隐居在此，汉献帝曾三次下诏书请他出山做官，但他不愿和腐败朝廷同流合污，拒不应召。他在山上采药、炼丹，治病救人，据说后人为了纪念他，改樵山为焦山。焦山位于长江之中，自古以来就是军事要地，曾出现过“焦圃险要屯包港，宋代兴亡战夹滩”的壮烈场面。宝墨轩以东不远处的古炮台遗址，是扬子江侵略战役守卫焦山的清军数千英雄沉重打击英军的近代反帝斗争的重要遗址。从古炮台比登山西上就到了焦山绝顶吸江楼，因亭内四面有木雕佛像又称四面佛亭。登高远眺，大江南北尽收眼底。焦山多禅寺、精舍、亭台楼阁，以山水天成、古朴幽雅闻名于世。郑板桥、康有为、柳亚子等人曾在此读书，这里还办过佛学院，因此有“文化山”之喻。由于比金山高大雄伟，竹木苍翠，自古以来民间就有“焦山山裹寺，金山寺裹山”的说法。

北固山

北固山位于镇江市区北面的长江边上，为“京口三山”之一。主峰海拔约五十九米。在古代北固山更为游人所乐道，故有“京口第一山”之称。因这里山势险固，因此得名“北固山”。一千四百多年前，梁武帝赞其形胜，曾更名北顾山。北固山由前峰、中峰、后峰三部分组成。后峰即主峰更是直插江中，形似半岛，峭壁如刀劈斧斫，形势极为险峻，也是风景最佳的地方，中外闻名的甘露寺就建在峰顶。这里的重要景点有：清晖亭、铁塔、“天下第一江山”石刻、溜马涧、狠石、多景楼、凌云亭、诫剑石等。歌咏北固山的诗很多，其中为后世广为传诵的要数唐代王湾的《次北固山下》，意境隽永，极富艺术感染力。登临北固，西望金山，东眺焦山，三山呈犄角之势。北固山的名闻中外大抵与“刘备招亲甘露寺”有关。《三国演义》中那些绘声绘色的描写极大地丰富了北固山的文化内涵，从某种意义上说北固山又可称做“三国山”。事实上，北固山上现存的诸多文化古迹，确也栩栩如生地再现了孙刘联盟那段古老的历史。北固山人文景观众多，有东吴大将太史慈和鲁肃的陵墓，有北宋著名词人柳永的坟墓，有南宋民族英雄文天祥虎口脱险遗址。睹景思情，如烟的往事历历在目。李白在《永王东巡歌》中将北固山胜景和险要的形势浓缩成四句话：“丹阳北固是吴关，画出楼台云水间。千岩烽火连沧海，两岸旌旗绕碧山。”此外，北固山在近代和现代史上也占有重要地位，其中龙埂是太平天国新城遗址，北固山之东是第二次国内革命战争时国民党枪杀革命志士的刑场，因此在山前峰上建有烈士陵园、纪念碑等，也是进行爱国革命传统教育的场所。

南山风景名胜区

南山风景名胜区距镇江市中心两千五百米的竹林路，包括招隐山、黄鹤山、夹山、九华山等诸山，因位于镇江南郊，所以统称“南山”。南山风景名胜区由招隐景区、竹林景区、鹤林景区和文苑组成。面积约十八平方千米，森林覆盖率达百分之七十三，有树木六十余种，飞禽七十多类，居沪宁线之首。南山风景名胜区在南北朝至明代为鼎盛时期。自南朝以来备受历代文人青睐，编著《昭明文选》的梁代昭明太子萧统，《文心雕龙》作者刘勰均在此活动过。东晋南朝间的著名雕塑家、音乐家戴颙隐居在招隐山中，谱就了“广陵”、“游弦”、“止息”三首古曲；宋代大诗人苏东坡在鹤林寺留下“苏公竹院”；哲学家、文学家周敦颐曾在此留下“茂叔莲池”；而创立“米氏云山”画派的米芾和米友仁父子都曾先后在此著述和流连；南朝宋的开国之君刘裕年轻时也常在此砍柴打鱼贩卖草鞋。竹林景区东侧有纪念辛亥革命先烈赵伯先将军的陵墓，还有曾出土史前骨化石的莲花洞。这里无疑是一块风水宝地。骆宾王、王昌龄、康熙、乾隆等数百位文人墨客和帝王将相均先后留下了讴歌南山的华章。名胜区内景点有增华阁、昭明太子读书台、济祖殿，听鹂山房、虎跑泉、鹿跑泉、珍珠泉、林公泉、挹江亭、玉蕊亭、如斯亭、万古常清亭、鸟外亭、文心阁、学林轩、竹林寺、鹤林寺、苏公竹院、茂叔莲池和米芾墓等，游人到此有泉可饮，有洞可探，有鸟可听。其中最著名的要数招隐寺，它最初创于南朝宋景平元年(423)，距今已有一千六百年的历史，当时殿宇宏丽，甚负盛名。唐宋以来，几经兴废已全面修复，大部分胜迹已焕然一新。这里山峦起伏，绿树葱茏，山以仙而出名，而人也以山怡情，人文景观与自然景观相得益彰，也是国家森林公园，米芾所称的名副其实的“城市山林”。

茅山

茅山位于镇江句容、常州溧阳两市交界处的茅山镇茅山村，距镇江、常州、南京均约四十千米。南北走向，面积五十多平方千米，它宛如一条绿色苍龙横卧于江苏省句容、金坛、溧阳、丹徒、丹阳五县市之间。茅山原名“句曲山”，主峰大茅峰，也是茅山的最高峰，海拔三百七十多米。茅山素有九峰、十八泉、二十六洞、二十八池之胜景，星罗棋布的奇岩怪石使茅山形成了一种奇特而神秘的大自然风格。其中位于大茅峰北丛林之中的喜客泉，遇路人行至便泉水滚滚，实为罕见；崇寿观前昭明读书台下的抚掌泉则遇旱不涸，路人击掌泉涌便沸水般沸腾，此为茅山内的两大奇观。茅山山势秀丽、林木葱郁，峰峦叠嶂的群山中华阳洞、青龙洞等洞中有洞、千姿百态，星罗棋布的人工水库使茅山更显湖光山色，可谓“春见山容，夏见山气，秋见山情，冬见山骨”。茅山还是著名的道教圣地，相传汉元帝时即公元前44年，陕西咸阳茅氏三兄弟来茅山采药炼丹，济世救民，被称为茅山道教之祖师，后齐梁隐士陶弘景集儒、佛、道三家创立了道教茅山派，即上清派。唐宋以来，茅山一直被列为道教“第一福地，第八洞天”，曾引来诸多文人墨客留下诗篇。俗话说“要好运，到福地洞天——茅山”，九霄万福宫即顶宫作为茅山道文化的重要场所，一直以来都是游人朝山敬香必到处。这里还是我国著名的六大抗日根据地之一。抗日战争时期，陈毅元帅等革命先辈在此与敌开展游击战。现在这里建有新四军纪念馆和苏南抗战胜利纪念碑,其中“碑前放鞭炮,空中响军号”的奇特声音现象堪称世界一绝。此外这里还有载入吉尼斯纪录的露天老子神像、神奇的怪坡、奇特的天然蜂窝、神秘的地面“符图”等让人好奇、入迷的地方。茅山有“山美、道圣、洞奇”之特色,古迹也多:春秋时期的翳王冢,战国时期的楚王涧,秦始皇时期的良常山埋白璧等等。茅山属低山丘陵地区,不仅风景秀丽,物产资源也很丰富,盛产林茶果,尤其是药材,是天然的药物宝库。明代著名药物学家李时珍编撰的《本草纲目》中,收录的茅山药材就达三百八十多种,其中尤以茅苍术和唐玄宗赐名的太保黄精为最佳。此外,这里是二十世纪六七十年代知识青年上山下乡、接受革命传统教育的地点,部分地方留有“文革”遗迹。

宝华山国家森林公园

宝华山国家森林公园位于江苏句容西北，与南京接壤，在三一二国道南侧、沪宁高速公路以北，距镇江、句容各三十千米，距南京市区仅二十多千米。宝华山森林景观独特，森林覆盖率高达百分之九十二。森林公园内的自然保护区面积一百一十五公顷，内有维管束植物一百二十四科、三百五十二属、五百二十九种，是青少年科普教育基地。宝华玉兰、南京椴为宝华山特有树种，还有刚竹、水竹、苦竹、短穗竹等野生品种，素有“竹海”之称。宝华山动物资源丰富，有獐、狐等二十多种哺乳动物，画眉、八哥、白鹭等近百种鸟类，具有较高的观赏和研究价值。作为南京秦淮河的源头之一，宝华山素有“林麓之美，峰峦之秀，洞壑之深，烟霞之胜”四大奇景。主峰海拔约四百三十七米，有“秀冠东南”之美誉，还有“一岭、二龙四池、七台九洞、十二泉、三十六峰”等传奇景点。乾隆皇帝六下江南、六上宝华，历代文人墨客登山、访寺者，留下许多传奇故事和墨宝。宝华山还是“中国佛教圣地”之一，在佛教界有着特殊的地位。宝华山隆昌寺始建于梁天监元年(502)，至今已有一千五百多年的历史。周围三十六座山峰似三十六片莲花瓣，隆昌寺如莲房一般端坐其中。这里最兴隆时有僧人三千多人，全国百分之七十僧尼到此受戒，是“律宗第一名山”。寺中戒台、千人锅为全国之最；明代敕造的铜殿以及两座无梁殿为国内仅存。所有门窗不用一木，外形仿木结构，内用砖瓦代替建造而成。寺院珍藏着一批文物，如皇帝用过的枕头、拐杖，唐伯虎的画，岳飞亲书的《满江红》词等。隆昌寺西北有钓鱼矶，相传是王安石钓鱼之处。观景台是宝华山观景绝妙处，在此宛若端坐莲花之中，群峰环抱，烟霞缭绕，如临仙境。将军洞是许世友将军当年采煤所留。乌龙洞、潮音洞、白虎洞、志公洞等九处石灰岩溶洞，深不可测、神秘变幻，有许多神奇的传说。另外，宝华山脚下的“丁沙遗址”距今已有七千年的历史。这里的自然景观与人文景观都十分丰富。

西津古渡街

西津古渡坐落在镇江市区西部的云台山麓，原为古渡口，这里原先紧临长江，滚滚江水从脚下流过，清代以后江滩淤涨，江岸北移，渡口移至山脚下的超岸寺旁，西津渡就逐渐形成道路，如今距江岸已有三百多米距离。现在的西津古渡街全长约一千米，始创于六朝时期，历经唐宋元明清五个朝代的建设，留下了如今的规模，因此，整条街随处可见六朝至清代的历史踪迹。唐宋以来的青石街道、元明的石塔、晚清时期的楼阁等，都是别具一格的建筑。古时候，西津古渡街面有象山为屏障，挡住汹涌的海潮，北面与古邗沟相对应，临江断矶绝壁，是岸线稳定的天然港湾。六朝时期，这里的渡江航线就已固定。规模空前的“永嘉南渡”时期，北方流民有一半以上是从这里登岸的。同时这里也是兵家必争之地，千百年来，重要战事有数百次之多。西津古渡依山临江，风景俊秀，李白、孟浩然、张祜、王安石、苏轼、米芾、陆游、马可·波罗等都曾在此候船或登岸，并留下了许多为后人传诵的诗篇。西津古渡街是镇江文物保存最多、最集中、最完好的地区，是镇江历史文化名城的“文脉”所在。这里的主要景点有英国领事馆旧址、五十三坡、救生会、昭关石塔、观音洞、待渡亭、超岸寺、蒜山游园和镇江博物馆等。漫步在这条不长但却古老的街道上，沿坡而建的石门古色古色，门楣上历代名人的题字清晰可见，西边小码头街仍保持着唐宋风韵，感觉置身于天然的历史博物馆内，一面领略当年古城地处要塞，一面发怀古之幽情。

京口小吃

镇江又称“京口”。镇江美食有“三鱼、三怪”之称。“三鱼”即长江三鲜——鲥鱼、刀鱼、鮰鱼；“三怪”则为肴肉、香醋、锅盖面，其中作为小吃的“锅盖面”最为出名。首先，锅盖面的制作工艺特殊，它用面粉加盐和成硬面团后，放到一端固定的杠子下，用臀部压住杠子一端，一只脚着地，跳着将面团反复压轧后切成条。下锅时在面汤锅内放一个小木头锅盖，这样煮出的面十分筋道、爽滑，还有淡淡的木香味，配以不同的汤卤和猪油，十分鲜美，这便是“大锅小锅盖”之一怪。第二怪“肴肉不当菜”说的是当地人把这种用硝和盐腌制的肉食品当早点或品茶时当小吃，而不作为一道主菜。第三怪“香醋摆不坏”说的是这里盛产的香醋具有色、香、酸、醇、浓等五大特点，且放愈久味道愈香。镇江是滨江城市，由于长江在镇江的这一段盛产刀鱼，所以这里在清明前后的刀鱼卤面十分有名，其特点鱼羹细嫩，鲜美爽口。同时，江城蟹黄汤包也与常州、淮安所制的齐名，以宜春酒楼和京江饭店的最受欢迎。一枝春素菜馆的什锦素色，金山牌和恒顺产的酱菜糖醋蒜、茅西的炸臭干也相当有名。此外，这里的干拌面也挺有特色，将面从锅中捞起沥走水份，加虾籽酱油、猪油、麻油等拌匀，洒点白糊椒粉，清香扑鼻，爽口开胃。另外，据说镇江鸭血粉丝汤的味道也绝不输给“南京金陵鸭血粉丝汤”喔。

泰州篇

泰州地处江苏中部，长江北岸，是长三角中心城市之一，它有两千一百多年的建城史，秦称“海阳”，汉称“海陵”。南唐升元元年时为祈盼泰州国泰民安，升海陵县为泰州，取“安泰”之意，“泰州”之名始于此。泰州兼容吴楚越之韵，汇聚江淮海之风。这里是承南启北的水陆要塞，新长、宁启铁路，宁沪、宁通、宁靖盐高速公路以及江海高建纵横全境，泰州港联结远海大洋。

泰州人杰地灵，历代名贤辈出，商贾云集，历史上就是苏中地区政治、经济、文化和交通中心，素有“汉唐古郡、淮海名区”之称。《水浒传》作者施耐庵、“扬州八怪”的代表人物郑板桥、现代著名京剧艺术大师梅兰芳等是泰州历史文化名人的杰出代表。因为有这些名人雅士，所以泰州市名胜古迹多和这些名人有关，比如光孝寺、乔园、崇儒祠、安定书院、施耐庵陵园、郑板桥故居、梅兰芳公园、天目山商周遗址、岳王庙等都是著名的旅游地。千年古刹光孝寺在海内外佛教界享有盛名。明代园林日涉园被称为“淮左第一园”。始建于南宋“江淮第一楼”的望海楼、园博园、古银杏森林、溱湖湿地、水上森林、千岛菜花等自然风光绮丽。此外，这里还是中国人民解放军海军的诞生地。拜地名所赐，千百年来这里风调雨顺，安定祥和，被誉为祥瑞福地，康泰之州。泰州如今作为江苏省历史文化名城，是融古城、水城、名城为一体的现代化城市。

溱湖国家湿地公园

溱湖国家湿地公园位于泰州姜堰西北部，离上海、南京均在两小时车程内。地处江苏省里下河地区，位于盐城、南通、泰州三市交界处，是古长江与淮河在此交汇入海处，素有“水乡明珠”之称。这里河网交织、岛屿星罗、飞鸟成群、水天相连，以溱湖为主体，以溱潼古镇为依托形成优美的自然风光、丰厚的文化底蕴、浓郁的水乡风情。溱湖又名“喜鹊湖”，因湖里多喜鹊得名。湖东西长一千四百米，南北长一千五百米，形似玉珮。通达湖区的河流有九条，故有“九龙朝阙”的景观。溱湖风景区湖水如歌，绿岛如诗，蒲草丰茂，野凫绕船，空气清新，湖水可饮，系典型的以半自然农耕湿地为特色的郊野型湿地公园。经过开发和利用，现已形成以溱湖为主体的水环境景区；以“麋鹿故乡园”为品牌的湿地生态景区；以溱湖地热资源综合开发而形成的温泉休闲度假区；以及以溱潼古镇、中国姜堰·溱潼会船节为代表的湿地文化景区。景区保留了完整的湿地生态系统，有水生生物群落、湿地生物群落和陆生生物群落。其中以多半栖息在湿地的鸟类最为引人注目，形成一道道的生物景观。在这里麋鹿奔突，锦鳞游泳，鹭鸥高翔，喜鹊成群，窝巢高筑，“鹊仙桥”便是传说中七仙女与董永暗渡银河之处。而始建于宋朝的古寿圣寺，在当时为泰州佛教界的“十四大丛林”之一，“文革”期间被毁，如今重新修复。溱湖国家湿地公园既是长江文化与黄河文化的过渡区，又是吴越文化与楚汉文化的连接点。溱潼古镇距今已有三千多年的历史，旧有“犬吠三县闻”之说，境内多处发现麋鹿化石遗骨，并出土新石器时期的物品。是全国民间艺术之乡、历史文化名镇。这里四面环水，夹河穿镇而过，家家枕河而居，是一块风水宝地。昔时曾有东观归渔、南寺书楼、西院庭槐、北村禅院、板桥秋月、堤柳春莺、花影清潭、禅房修竹等八景点缀。现增加长江公园、溱潼大观园、一步两庙等。古镇风光秀丽，麻石当街，老井当院，小溱湖巷、八仙桥巷等一大批明清时期的建筑群保存完好，风貌依旧。镇里店铺林立，人如海，花如潮。其中古山茶院里的“中国茶花王”树高十一米，树龄数百年，每年清明节前后万朵茶花竞放，堪称“神州第一茶花王”，为世界文化遗产。民俗风情馆展示了秦砖汉瓦、耕织器具，彰显了溱潼人民的聪明才智。这里有“院士旧居”景点，当代李德仁、李德毅兄弟二人四院士的佳话传遍中华。游溱湖，逛古镇，妙趣横生。一年一度的“溱潼会船节”更以其独特的人文景观和民俗风情而享誉天下。会船分为篙船、划船、花船、贡船等。种类不同，项目不同，各领风骚。届时千舟竞发，百舸争流，场面壮观。赛船结束后还有酒会、送头篙等民俗活动。小桥流水，庭院深深，这里是名副其实的鱼米之乡，在欣赏美景之余还能品尝到著名的“溱湖水八鲜”。

兴化千岛菜花风景区

兴化千岛菜花风景区位于兴化市缸顾乡东旺村，相传一千二百年前这里还是沼泽草地。宋金战争时，金为防岳家军在此开挖八卦战壕作为防御屏障。多年之后江淮上游冲积泥沙使古战场遗址不复存在，当时的战壕都成了水沟，而土丘、土圩成了四周环水的小岛，千岛田园就这样形成了。后经历代兴化人民的不断开发，油菜花景观形成于七百五十年前，总面积近万亩。每年四月，一望无际的油菜花海令人心旷神怡。近年来，兴建观光塔，铺设木栈道，配备水上木船，发展起油菜花观光及农家休闲娱乐配套项目，受到广大游客和当地农民的欢迎。兴化千岛菜花风景区曾被评为“中国最美油菜花海”之一。这里与其他五大最美油菜花景区相比，最大的特色在于有水与油菜花的互相映衬，水的灵动与花的怒放将景区划分出大大小小的许多油菜花岛，所以千岛菜花由此得名。游人泛舟其中，金黄色的菜花在湖水的幽蓝映衬下，搭配其间的绿色，让人仿若置身仙境，随着船体的流动，景象变幻万千，饶有生机与乐趣，每年吸引许多的摄影爱好者和旅游团队。人们置身一望无际的千岛菜花间，感受随风而来的醉人菜花香，有心旷神怡之感，美不胜收之慨。有学者称，如此独特的千岛原生态风景区全国独此一处。

凤城河景区

凤城河风景区位于泰州城区中心，哺育世世代代泰州人的凤城河，千亩水域绕城四周，是江苏省现存的为数不多的较完整的千年古城河。城以水为脉，以人为魂。古环城河全长六千六百五十米，泛舟河上，凤城河畔三十多个景点汇集了泰州历史、戏曲、民俗、商贾四大特色文化。主要景观有望海楼、文会堂、桃园、碑苑、州城遗址、古城池地雕广场等。望海楼是景区内核心景观，始建于宋，明清重建，领江淮雄风，国学大师文怀沙老人称其为“江淮第一楼”。文会堂史载初为北宋滕子京所建，堂内陈列了北宋时在泰为官而后升迁至宰相的晏殊、范仲淹、富弼、韩琦、吕夷简五相史料，堂前植“五相树”，立有中国雕塑院院长吴为山所作范仲淹青铜塑像，加之景区内的已有千年之久的州城遗址和宋城古涵等景点，一切尽显泰州“州建南唐，文昌北宋，名城名宦交相重”的辉煌历史。桃园与望海楼隔河相望，取孔尚任寄居泰州陈氏家庵创作《桃花扇》之意，与泰州梅园戏剧、柳园评话相联，三园一线形成“戏曲文化三家村”的独特人文旅游景观，徜徉其中宛若行走于中国戏曲文化长廊。碑苑在凤城河边的苍翠竹海之中，奇石上刻有从五代到当代名人咏泰州的诗句。景区内还有世界名僧辈出的佛教庙庵群落以及中国历史上独有的盐税建筑遗存，更有关于凤凰姑娘、飞来钟、齑汤桥等一个个美丽的民间传说。景区东侧的泰州老街是古明清风格建筑，古色古香的砖雕、砖饰，民居门楼、透气花窗和匾额、旌旗、店幌、彩灯相映成趣。存量丰富，具有泰州风格的晚清建筑承载了诸如范仲俺、王安石、文天祥、岳飞、孔尚任、柳敬亭、林则徐等一大批历史名人及故事。街中古戏台和镇街戏楼，以及泰兴的木偶、姜堰的面塑、泰州的叶雕等，集中展示泰州地方非物质文化遗产。百余家传统风味小吃和私房菜馆构成苏中地区的第一小吃街，在品味“碧水浮云河”这一都市胜境之余，更可享尽各地美味。

梅兰芳纪念馆

梅兰芳纪念馆位于泰州迎春东路凤凰墩，这里是我国京剧艺术大师梅兰芳的故乡，梅家四代祖辈都居住在此地。梅兰芳纪念馆由原梅兰芳史料陈列馆和梅兰芳公园合并而成。始建于二十世纪八十年代，后重新扩建于2008年并对外开放。公园三面环水，丛林相拥，分史料陈列区、梅亭区、兰圃区。梅兰芳纪念馆有“四绝”。“一绝”是梅亭。梅树是这里的一大特色，梅亭也是以梅花为造型，梅亭檐下枋子里嵌刻着梅兰芳大师《贵妃醉酒》等五出代表戏的木雕戏剧场面。“二绝”是亭的东侧一尊洁白的汉白玉梅兰芳坐像；“三绝”是陈列厅外水池中间的梅兰芳雕像，系在《太真外传》中饰演杨太真的大型汉白玉艺术形象；“四绝”是园中的一座巨形石碑，上书赵朴初先生来泰时所作的《踏莎行》一首，后变为木雕移入后建的门厅内。梅兰芳史料陈列馆由明清两代古建筑移建而成。其布局错落有致，融严整、朴实、幽静、雅致于一体。展区分为梅开中华、梅香四海、梅骨铮铮、梅德如玉、梅根泰州五大展区，以丰富的文物、图片、实物、资料，系统地介绍了梅先生刻苦学艺、创艺立派、将京剧远播国外、桃李满园的辉煌业绩。突出介绍了梅先生抗战期间蓄须明志，拒绝为日寇演出的高度政治觉悟和爱国主义精神。讲述了梅先生与故乡泰州的桑梓之情和故乡人民对他的崇敬与怀念。另有一多功能音像厅，主要播放梅兰芳舞台艺术片和有关资料片，人们在此可以领略到梅先生的艺术风采，欣赏到梅先生的优美唱腔。梅兰芳纪念馆是一座以移建明清建筑为主体的小型园林式名人纪念馆，是“泰州十大旅游景点”和“泰州城市八景”之一。

郑板桥纪念馆

郑板桥纪念馆位于兴化市昭阳镇牌楼北路，是二十世纪八十年代为纪念清代书画家、文学家、“扬州八怪”代表人物郑板桥在他的故居的基础上扩建的。郑板桥诗、书、画俱佳，均旷世独立，人称“三绝”。《兰竹图》为其代表画作。馆舍为三层仿古建筑，复道行空，曲廊迂回相接，小桥流水，雕塑壁画，缀以花卉盆景，显得典雅别致，风格独具。该馆藏品一千一百八十一件，其中郑板桥书画墨迹三十三幅，金农、闵贞、郑銮、刘熙载等人的书画三百四十八件，当代名人为纪念郑板桥、施耐庵而作的书画八百三十三件。该馆基本陈列“郑板桥生平及艺术成就”、“昭阳郑氏家谱”、板桥老人的遗物、七种版本的《郑板桥集》、板桥墨迹的复制品和照片以及有关的研究论著、资料和剧本、金石、传说故事等。馆内庭院中矗立板桥塑像，奇石修竹辅之，有水池、池边嵌石，犬齿相依，参差有致。夏季池内睡莲盛开，红鲤穿梭其间别有情趣。纪念馆所辖的郑板桥故居为南北八间的清代民房建筑。粉壁黛瓦，兰竹萧疏，保持“室雅何须大，花香不在多”的原貌。故居内不定期地举办小型书画展览，播扬郑板桥的艺术成就。此外，郑板桥纪念馆与兴化名胜四牌楼、李园、江苏省文物保护单位李园船厅相互贯通，构成古城兴化新的文化村落。1993 年市政府在此基础上扩建为兴化市博物馆，使之成为纪念“扬州八怪”的专业性博物馆，使其成为综合反映兴化历史文化的重要窗口。

泰兴公园

泰兴公园位于泰兴市国庆东路，如泰运河北侧，济川北路两首。建于 2003 年，占地二百三十亩，其中水面九十亩。公园由自然景观为特色的东北郊新园和人文景观著称的仙鹤湾风光带组成，一园两块，两园合一。景区分五个功能区，即生态群岛区、水上活动区、人文纪念区、花卉景观区和休闲娱乐区。“生态群岛区”位于公园北侧，岛内以树、草为主，不加任何修饰，不建任何人工景点，给人一种返璞归真的感觉。“水上活动区”即公园北侧大面积的水面，设有漂流小屋、休闲垂钓、船影桨声等活动项目，可以充分满足人们的亲水性。“人文纪念区”位于公园中部西侧，其主体景点是中安轮遇难烈士纪念馆。该馆是为纪念新四军苏浙军区北撤渡江遇难的八百烈士而兴建的。这里既是凭吊瞻仰革命烈士的场所，又是进行革命传统教育的基地。“人文纪念区”与其他各区采用松柏等树种分隔过渡，既体现人文纪念区的严肃性，又实现了区与区之间的无缝隙融合。“花卉景观区”由银杏坡、梅花岭、法式园、音乐喷泉、双亭、木亭、索桥等景点组成。漫步其间，你可以充分地放松身心，充分地享受大自然的乐趣。“休闲娱乐区”位于公园南端，由动物园和儿童游乐园组成。这里是孩子们戏耍的天地。另外，景区有两处特别的景致：一个是古黄杨，位于公园中部。经专家鉴定，两株古黄杨已有两百到两百五十年的树龄了，它在泰州同类树种中是最长的。另一个是情侣石，在公园西大门，左边的“男石”高六米，高大伟岸，英俊潇洒；右边的“女石”娇小玲珑，妩媚动人。这一对石头来自宜兴，是天然石笋，这么大的体量在江苏十分罕见。此外，在这里游人还能了解到泰兴这一带诸如请媒、送头篙等民间风俗。泰兴公园是市民和游人休闲的最佳去处。

凤城小吃

泰州又称“凤城”。泰州历史上有很长一段时间是属于扬州地区的，所以它和扬州的饮食文化有许多相同和类似的地方，比如黄桥烧饼、干丝、烧卖、馄饨等，但它也有自己鲜明的特色。像著名的泰州梅兰宴就有二十一道菜、九道面点和小吃，其中有十八道菜取名于梅兰芳的代表剧，如锦凤还巢、林黛玉怜花、楚霸王别姬、杨贵妃醉酒等。泰州的特产和美味小吃有：泰州“三麻”：指麻油、麻糕、麻饼。泰州麻油不仅质纯、香浓、味醇，而且对延缓皮肤衰老以及烫、烧伤有奇效。泰州麻糕以“嵌桃麻糕”最知名，片片金黄、核桃均匀，香、甜、酥、松中透着浓浓的芝麻清香。泰州麻饼与麻糕一样有一百多年的历史，初创时为单面芝麻，现已用黑、白芝麻分别沾两面，改进为双面双色麻饼，其馅心以枣泥、豆沙、白糖、猪油等甜口为主，也有葱油咸口的。附近的泰兴也有“三宝”：一宝为银杏，所以这里又称“银杏之乡”；二宝为糖生姜丝，用糖腌制的姜丝；三宝为宣堡小馄饨，因产于千年的宣堡古镇而得名。黄桥烧饼因在解放战争年代为黄桥大捷立下不朽功勋而迅速流传全国，但最正宗的还是泰兴黄桥镇上的，配上一碗三鲜鸡汤馄饨顿觉无比享受。四季烧卖也是泰州传统名点，烧卖因季节不同而更迭应时的馅心，比如春季荠菜、夏季冬瓜、秋季茼蒿、冬季萝卜丝蟹肉，以油润鲜美、季节性强著称。“中华六大名点”之一的靖江蟹黄汤包也有近二百年的历史，其特点为稠而不油，油而不腻，皮薄如纸，汤多味美。泰州口水干丝比扬州的口味重些，它以酱油、麻油、糖和淡奶等做卤汁，所以味道丰富，口感爽滑。还有富春饭店箬竹叶做的箬叶芝麻糖细卷也是泰州的传统名点。据说这里的油炸臭干也是标志性小吃。除此之外，泰州的大炉烧饼、鱼汤面，姜堰的酥饼、靖江的猪肉脯和牛肉干，兴化的米粉干在国内也享有很高的知名度。

宿迁篇

宿迁位于江苏省北部，北望齐鲁，南接江淮，居长江与黄河中道，京杭大运河纵贯南北，四大淡水湖之一的洪泽湖和骆马湖一同滋养着这个鱼米之乡。同时，这里也是著名的“杨树之乡”、“花卉之乡”、“水产之乡”、“名酒之乡”和“蚕茧之乡”。在秦汉文化的风云际会之地，有一片生机勃勃的热土，就是被清代皇帝乾隆盛赞为“第一江山春好处”的宿迁。这个城市历史悠久，境内有江苏省发现最早的古人类活动遗址——下草湾文化遗址，被称做是世界生物进化中心之一，也是人类起源中心之一，被誉为地球上的“生命圣地”。相传夏、商、周三代以及古族徐夷在此生息。公元前113年，泗水王国在此建都，传五代六王。这里也是中国历史上唯一不以成败论英雄的英雄——西楚霸王项羽的故里。唐宋诗人李白、杜甫、白居易、苏轼、王安石等都在这里留下了不朽传世之作。宿迁风景秀丽，景观众多。洪泽湖、骆马湖烟波浩渺；乾隆行宫气势非凡；项王故里雄伟壮观；嶂山森林公园景色秀丽。这里的自然资源和人文景观有浓郁的地方特色和地域代表性。

洪泽湖湿地自然保护区

洪泽湖湿地保护区位于泗洪县东南部，距泗洪县城约二十七千米、宿迁市区约六十千米。洪泽湖是淮河流域最大的湖泊型水库，因形似天鹅又称“天鹅湖”。区内芦苇丛生，水草丰富，有鱼类、两栖类、爬行类动物九十种、鸟类一百九十四种，其中最大的鸟类种群是三十余万只的白鹭，属国家重点保护的大鸨、白鹳、丹顶鹤、白额雁及猛禽有三十多种，新发现的“震旦鸦雀”是全球濒危物种。主要有湿地核心、生态游览、生态养殖、生态农业、生态林业五大功能区，是一块“生态特区”。包括洪泽农场鸟类自然保护区、杨毛嘴湿地自然保护区、泗阳县的杨树林保护区、城头林柴场鸟类自然保护区、下草湾标准地层剖面、生态博物馆、水族馆和千荷园等。其中城头林柴场鸟类自然保护区号称全国唯一的湖边森林。已形成荷风渔歌、桃霞烟柳、杏花春雨、寒波飞鸿等景观。洪泽湖大堤北起淮阴区码头镇，南迄洪泽县蒋坝镇，全长六千七百米，全部用石料人工砌成。大堤始建于东汉建安年间，至清乾隆年间方建成，有着“水上长城”的美誉。湿地保护区水域、滩涂广阔，湿地系统保存完好，是江苏省面积最大的淡水湿地保护区，列华东第四位，属国家级的湿地保护区。这里是鸟的天堂，多样性的生物构成了巨大的物种库和基因库。这里也是野生荷花的世界，千姿百态，尽显娇媚。已建成荷花物种科技示范园、睡莲池、鸟与荷在共生区和十里荷花观光带。到了秋天，数万亩野生芦苇随风摇曳，二十余万只的白鹭置身其间，会让人不自觉地想起“争渡，争渡，惊起一滩鸥鹭”的诗句。

乾隆行宫

乾隆行宫位于宿迁市西北二十千米处，骆马湖南岸皂河镇，大运河之畔，又称“皂河安澜龙王庙”。始建于清顺治，改建于清康熙二十三年（1684），坐北朝南。因乾隆帝六下江南五次宿顿于此并建亭立碑，故称为“乾隆行宫”。整个建筑群为三院九进封闭式清代官式建筑群，整体建筑布局对称，中轴线上建筑物主次清晰。自南向北分为六大部分。最南端为古戏楼，向北依次为广场、山门、御碑亭、怡殿、龙王殿、大禹殿等。重檐斗拱，有殿阁亭台二十多处。庙前有石狮一对，造型和用料考究，省内独一无二，国内少见。进院即献殿，殿后左右尚存钟楼、鼓楼。往北有御碑亭，亭高十一米，飞檐斗拱，俗称皇伞亭，设计精巧，造型别致。亭内御碑四面镌刻乾隆几度南巡的御笔题诗，屋面为黄色琉璃瓦，流光溢彩，金碧辉煌。龙王殿是这一组古建筑群的主体，金檐石基，气度恢宏，上覆绿色琉璃。两厢是东西廊房，殿为祭台，两旁古松参天，当年香火十分旺盛。在禹王殿院内曾有“柏柿橡桐”四种树，取谐音“百世相同”，而今仅存柏树一株，高十五米，树龄近三百年，依旧苍劲挺拔。龙王殿斗拱飞檐，雕梁画栋，结构严谨，装饰华丽。而建筑接口处未曾用一根铁钉，工艺十分精致考究。此外，非常值得观赏的是建筑群中的屋檐瓦当极富民间特色，绘图案达八百余种，国内罕见。整个行宫与省级森林公园连成一线，傍湖连水，自然风光独特。它以其独特的官式建筑风格和丰富的文化内涵，向人们展示其独特的魅力。每年这里有庙会，其中皂河镇三大香会的绕街巡游十分热闹，众人齐拜龙王，盛况了得，被列为苏北地区三十六处香火盛会之首。且从古至今从未中断过，这在中国民俗史上是一大奇观。

项王故里

项王故里位于宿迁宿城区南郊徐淮公路东侧故黄河堤下，这里是西楚霸王项羽的诞生地，又称“梧桐巷”。唐宋时期为纪念这个农民起义的盖世英雄在此立碑建坊。项王故里原先有坊，有庙，有僧人照管，后历经沧桑，坊毁庙圮。民国时期开始重修，至新中国成立以后扩建修复至现在规模。项王故里为三进院落，整体布局前宫后院，周围有四百多米的青砖院墙。从南向北，依次为石牌坊、石阙、大门、英风阁、项王故居纪念室、虞姬纪念室。主体建筑英风阁占地二百六十八平方米，为全木结构，青瓦覆盖，直棂方窗，紫柱白墙，古朴壮观。前院四周为碑廊，有著名书法家碑文数十幅。正中为大鼎，重达八吨。正厅有项羽塑像，两侧为文物陈列室，室、阁均为青砖青瓦，庄严肃穆。故居纪念室为仿汉建筑，占地一百三十五平方米，古朴浑穆。室内有虞姬塑像。院中广植柏、桐、槐等树木，其中一株古槐相传为项王手植，历经沧桑，主干虽断裂干枯，但新枝已成合围之木，苍劲繁茂。另外，院内还有古井、乌骓马、马槽、习武处，其间遍植槐树和橡树，寓意怀念项羽。

嶂山森林公园

嶂山森林公园位于宿迁市区以北七千米处的宿豫县境内，距骆马湖四千米。它地处马陵山南麓，南端为天然草坪，中间为丘陵，北部为平原，西侧为湖泊。总面积逾七平方千米，森林覆盖率约达百分之七十，公园的树木古朴葱茏，与山、水、洞相结合，一年四季，景色各异。春华秋实，满园飘香。山有锅框山、鳌子山、三台山；水有白马涧、烟窝潭、八仙浴场；洞有韩梁洞、八仙洞、藏军洞。区内有森林六千亩，植被有榆、柏、柘、楝、槐等木本七十余种；虎耳、车前、益母、狗尾、蕨类等草本二百余种；动物有刺猬、狸猫、蝮蛇、画眉、白鹭等一百余种。这里古代遗迹遗址众多，有新石器时期和西汉时期的遗址，有唐宋古战场和近代宿北战役的遗址。还有青墩古文化遗址、清凉院古城遗址、蜘蛛墩古墓遗址、扳倒井古战场遗址、果老庙八仙神话遗址等，其中三台山阻击战遗址成为革命传统教育纪念地。嶂山森林公园是中心城市的“绿肺”，境内峰峦起伏，沟壑纵横，碧水小湖，森林幽古，形成奇异的风光带，被称为“江苏的西双版纳”。著名的“宿迁八景”中的三峰夕照、葡萄醉月二景即在园区内。目前公园中建有大型游乐园、水上乐园、八仙浴场、动物园、青少年教育景点四十余处，是山水、森林、人文景观丰富完整的旅游景区。

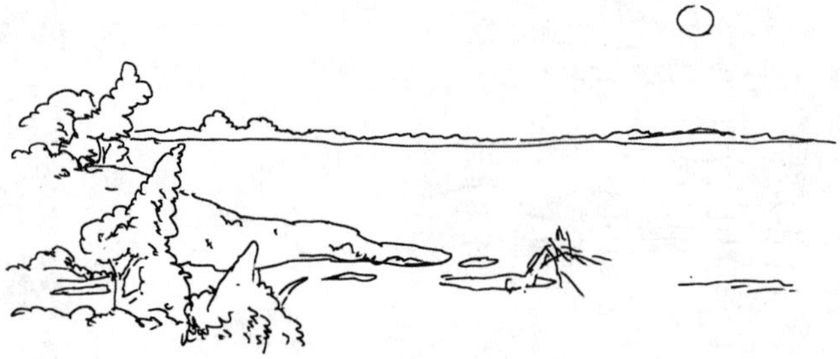

骆马湖风景区

骆马湖地处徐州、宿迁两市结合部，湖区北起堰头村圩堤，南至扬河滩闸口，直线长二十七千米。西连中运河，东临嶂山岭，平均宽十三千米，是江苏省第四大湖。历史上又名“乐马湖”、“洛马湖”、“马乐湖”，因其形状像马而得名，总面积约三百七十五平方千米。这是一个蓄泄兼备，具有灌溉、航运、渔业、旅游和工业用水的多功能、多效益的大型人工宝湖。骆马湖既有湖光山色之美，又有历代文人墨客留诗、会文、题记载入典籍。其中柳塘鱼浪、蓟山醉月、梅林煮雪、林海莺梭、长虹卧波、扬帆戏鱼、骆马晚波与三山赏月构成骆马湖八景，是游人旅游度假的好去处。同时，骆马湖也是文化底蕴深厚的地方，环湖周围都是古迹：青莲岗文化遗址，湖东南七八千米的项王故里，西岸的皂河镇乾隆行宫，东岸嶂山附近唐代“藏兵洞”、宋营遗址以及宿北大战遗址等。骆马湖水质清澈，沙质松软，湖岸蜿蜒曲折，景色优美宁静。骆马湖四周的一座座巨大水利工程雄伟壮观，嶂山闸、皂河抽水站以及南水北调工程均让游人侧目。骆马湖中的小岛四面环水，岛上风情美，鱼宴味道鲜，人称“东方小威尼斯城”，是苏北大平原难得一见的“山水画廊”。湖中鱼类多达五十六种，尤以银鱼、青虾、螃蟹、龙虾最佳。骆马湖银鱼，通体洁白透明如美玉，形状如根根银条，肉质细嫩鲜美，有“水中白银”、“水中人参”的美誉。如果说洪泽湖是宿迁的客厅，那骆马湖就是这座城市的闪亮名片。

雪枫公园

雪枫公园位于宿迁老城区大运河畔，幸福北路与黄河北路之间，环城北路北侧，是京杭大运河和古黄河两条城市景观廊道的围合区。雪枫公园是为纪念以彭雪枫将军为代表的抗日民族英雄而建设的一座集纪念瞻仰、爱国主义教育、国防教育及休闲旅游等多种功能于一体的大型城市公园。雪枫公园建成于2007年，占地三百二十亩，分为纪念瞻仰、水景游览、励志教育和配套服务等四大功能区。其中，雪枫纪念馆是整个公园的核心，位于公园最高处。公园围绕主轴线规划布置了“一馆、一塔、一湖、二桥、三座雕塑、四个广场”，并以彭雪枫将军的革命历程为主线，通过长征路、长淮大道、将军大道等道路，将育德广场、红星望台、九月湖、飞骑桥、捷胜亭、卖马坡、彭雪枫纪念馆、拂晓广场等十余处主要景点有机串联，构成了公园景观体系。纪念塔外墙用白色花岗岩石和透明玻璃构筑而成，其造型设计理念来源于彭雪枫将军为骑兵团设计的一把锋利宝剑，被人们称颂为“雪枫刀”。巍巍纪念塔充分彰显了彭雪枫将军领导的抗日队伍英勇杀敌、不怕牺牲的革命精神。塔内设有观光厅，可在最高点观赏到美丽的城市风貌。九月湖上有喷泉，遇天气晴好的时候就会在湖上现出彩虹。雪枫公园是宿迁市规模最大的爱国主义教育基地。

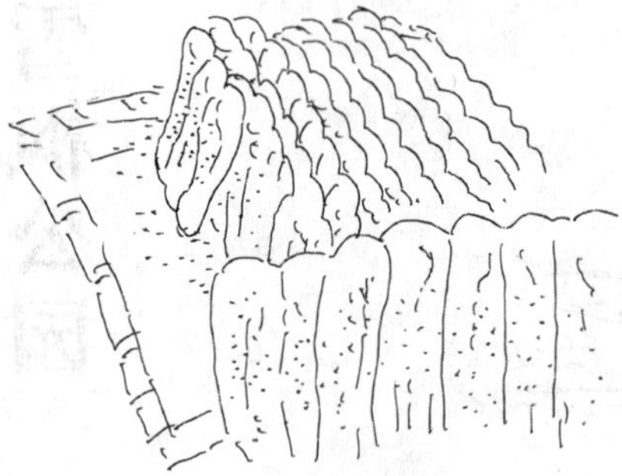

泗水小吃

宿迁古时称“泗水国”，它原来的行政区划属淮安地区，地理位置与徐州、连云港接壤，因此这里的饮食文化和饮食习惯与这三个地区有类似的地方。比如煎饼，尽管这几个地区都做，但最出名的还数宿迁的煎饼，只有这里的品种最多，有小麦、玉米、地瓜、高粱杂粮混合、韭菜、萝卜丝、香蕉、苹果、菠萝等，制作的工艺也分油炸的、夹心的、烘烤的，令人目不暇接。沭阳的凉皮与连云港相比，薄如纸，白如雪，又滑又韧。这里的面点除了煎饼，还有泗洪的空心挂面，外表光滑圆润，有银丝般的细孔，插入水中可吹气泡；用火点燃可冒烟，开水下锅后白色立刻变得透明光亮，真是一绝。还有就是泗阳的车轮饼，小小圆圆的像车轮，冰糖什锦馅，放入冷油锅炸透，松脆的外皮，甜美的内心，生活的甜蜜立刻呈现在你眼前。还有乾隆贡酥(宿迁皂河叶家烧饼的名称)，距今已有两百多年历史，以香、脆、酥、透四绝闻名于世，且外形美观，让人不忍下口。泗洪人凭借得天独厚的条件还创造了一种小吃，叫做“洪泽湖子鱼锅贴”，又叫“小鱼锅贴”，具体做法是在熬制小杂鱼的同时在锅边贴上一溜杂粮面薄饼，待它烤得又香又脆之时，熬鱼的红汤也成了，然后用锅贴浸入红汤，那又鲜又香又脆的感觉怎一个“爽”字了得。如今这种小吃已迅速在省内乃至全国传开，拿它沾龙虾汁也是当地人的创新。与徐州的臭盐豆近似，宿迁黄墩湖地区生产一种腊豆，又名纳豆或酱豆，黄豆经发酵后绵软可口，鲜感适度，营养丰富，非常具有食疗作用，风弥日本，据说是天皇早餐的必备品之一。此外，丁庄的大头菜和宿迁的水晶山楂糕也和徐州小吃一样，是当地十分受欢迎的小吃。